藏傳佛教中的文殊菩薩

三世覺母文殊菩薩像（日本江戶時代）

象徵諸佛圓滿智慧的金剛界大日如來（12 世紀）

大智文殊師利菩薩（日本室町時代）

求聞持虛空藏菩薩（江戸時代 ·日本高野山）

準提菩薩

能使眾生聞持不忘速疾開悟的普賢菩薩

一面六臂的般若菩薩（日本江戶時代）

智慧才辯本尊

本書介紹佛教中特別以智慧、辯才著稱的佛菩薩本尊，以及其咒語、修持法等。

若能虔誠地祈請、修持，能幫助我們開發智慧、聰敏靈巧、增強記憶力，廣博多聞，獲得無礙辯才，一切願滿，吉祥順利。

目錄

第3篇 增長智慧才辯的經典

出版緣起

佛法的深妙智慧，是人類生命中最閃亮的明燈，不只在我們困頓、苦難時，能撫慰我們的傷痛；更在我們幽暗、徘徊不決時，導引我們走向幸福、光明與喜樂。

佛法不只帶給我們心靈中最深層的安定穩實，更增長我們無盡的智慧，來覺悟生命的實相，達到究竟圓滿的正覺解脫。而在緊張忙碌、壓力漸大的現代世界中，讓我們的心靈，更加地寬柔、敦厚而有力，讓我們具有著無比溫柔的悲憫。

在進入二十一世紀的前夕，我們需要讓身心具有更雄渾廣大的力量，來接受未來的衝擊，並體受更多彩的人生。而面對如此快速遷化而多元無常的世間，我們也必須擁有十倍速乃至百倍速的決斷力及智慧，才能洞察實相。

同時在人際關係與界面的虛擬化與電子化過程當中，我們也必須擁有更廣大的心靈空間，來使我們的生命不被物質化、虛擬化、電子化。因此，在大步邁向新世紀之時，如何讓自己的心靈具有強大的覺性、自在寬坦，並擁有更深廣的慈悲能力，將是人類重要的課題。

生命是如此珍貴而難得，由於我們的存在，所以能夠具足喜樂、幸福，因自覺解脫而能離苦得樂，更能如同佛陀一般，擁有無上的智慧與慈悲。這種菩提種子的苗芽，是生命走向圓滿的原力，在邁入二十一世紀時，我們必須更加的充實。

因此，如何增長大眾無上菩提的原力，是〈全佛〉出版佛書的根本思惟。所以，我們一直擘畫最切合大眾及時代因緣的出版品，期盼讓所有人得到真正的菩提利益，以完成〈全佛〉（一切眾生圓滿成佛）的究竟心願。

《佛教小百科》就是在這樣的心願中，所規劃提出的一套叢書，我們希望透過這一套書，能讓大眾正確的理解佛法、歡喜佛法、修行佛法、圓滿佛法，讓所有的人透過正確的觀察體悟，使生命更加的光明幸福，並圓滿無上的菩提。

因此，《佛教小百科》是想要完成介紹佛法全貌的拼圖，透過系統性的分門別類，把一般人最有興趣、最重要的佛法課題，完整的編纂出來。我們希望讓《佛教小百科》成爲人手一册的隨身參考書，正確而完整的描繪出佛法智慧的全相，並提煉出無上菩提的願景。

佛法的名相眾多，而意義又深微奧密。因此，佛法雖然擁有無盡的智慧寶藏，對人生深具啟發與妙用，但許多人往往困於佛教的名相與博大的系統，而難以受用其中的珍寶。

其實，所有對佛教有興趣的人，都時常碰到上述的這些問題，而我們在學佛的過程中，也不例外。因此，我們希望《佛教小百科》，不僅能幫助大眾了解佛法的名詞及要義，並且能夠隨讀隨用。

《佛教小百科》這一系列的書籍，期望能讓大眾輕鬆自在並有系統的掌握佛教的知識及要義。透過《佛教小百科》，我們如同掌握到進入佛法門徑鑰匙，得以一窺佛法廣大的深奧。

《佛教小百科》系列將導引大家，去了解佛菩薩的世界，探索佛菩薩的外相、內義，佛教曼荼羅的奧祕，佛菩薩的真言、手印、持物，佛教的法具、宇宙觀……等等，這一切與佛教相關的命題，都是我們依次編纂的主題。透過每一個主題，我們將宛如打開一個個窗口一般，可以探索佛教的真相及妙義。

而這些重要、有趣的主題，將依次清楚、正確的編纂而出，讓大家能輕鬆的了解其意義。

在佛菩薩的智慧導引下，全佛編輯部將全心全力的編纂這一套《佛教小百科》系列叢書，讓這套叢書能成爲大家身邊最有效的佛教實用參考手册，幫助大家深入佛法的深層智慧，歡喜活用生命的寶藏。

智慧才辯本尊——序

智慧是貫串一切佛法的主軸，不管是小乘佛法或大乘佛法，都是以智慧爲核心，來統攝一切的教法。因此，沒有智慧，即沒有佛法。遠離了智慧，所有佛教的信仰、儀軌，也僅剩下糟粕，根本無法讓人得以開悟解脫。

因此，佛教即是智慧之教。小乘佛法以智慧來自覺解脫，大乘佛法以大悲心來實踐智慧，圓滿自覺、覺他的無上菩提。有了智慧，即能解除煩惱的束縛、執著，而離苦得樂。沒有了智慧，生命將爲無明煩惱所主宰，在苦迫的世間輪轉不息。

所以，諸佛菩薩都是大智慧者，他們用大智慧藥，來療治眾生無明愚痴的重病，而使眾生無礙解脫。因此，諸佛菩薩都是眾生生命中的醫王、醫者，以智慧調煉種種方便之藥，來善巧療癒眾生的無明眾病。

佛陀證悟了無上菩提，獲得了無上佛智，因此具足了自覺覺他、覺行圓滿的大智威力。所以在《法華經》中即宣示佛陀是一大事因緣出現於世間，而這大事因緣，就是要為眾生開示悟入佛陀的知見，其實就是要使眾生具足佛智，而證得無上菩提。

既然一切的諸佛菩薩，都是為了使眾生具足智慧，而圓滿解脫，因此所有的佛菩薩，無非都是智慧的本尊。但是諸佛菩薩由於發心的不同，或是在因位中體性傾向的差別，往往使眾生在因緣相應上，有所差異。如在中國佛教中最著名的四大菩薩：大悲觀世音菩薩、大智文殊菩薩、大願地藏菩薩、大行普賢菩薩，分別以悲、智、願、行為其特德，即深刻的展現出此種傾向。

因此，如觀世音菩薩的智慧當然也是圓滿的，但是由於他的大悲心非常地彰顯，有時往往讓他的智慧以「寓智於悲」的形式示現。同樣的，文殊菩薩的大悲心與觀世音菩薩雖等無差別，但他的大悲，也往往以「寓悲於智」的形態出現。

所以，我們往往將諸佛菩薩在因位的發心、願力，修行的體性，特別傳修的法門，加以分類，而彰顯出智慧本尊的特性。

《智慧才辯本尊》即是依此因緣，將以智慧爲因位發心、修行主體的諸佛菩薩，及具有特別增長智慧才辯的本尊、經法、諸尊教法等統攝編輯，使有興趣增長智慧才辯的讀者，能因此獲利，得到圓滿的智慧總持。

在本書中，除了以能增長世、出世間的智慧，使眾生離苦得樂，乃至成證無上菩提爲主的本尊外，更匯集成就智慧的經典與修法。佛教在傳統上將世間一切的學問，區分爲五明，這五明是內明（佛法）、因明（一切的邏輯、思惟、推理方式）、醫方明（一切醫藥）、工巧明（一切的科學、技藝、藝術等）、聲明（一切語言、音樂、音聲之學）。而這五明是一切菩薩所應學習的，所以本書除了出世的智慧外，也著重智慧本尊對於世間的智慧、技藝、才辯的教示。

因此，本書希望大眾能增長出世間的解脫智慧，也能圓滿世間一切學問、智慧的需求，讓大眾都能各如其願，增長世、出世間的智慧，在求學、考試、工作，乃至藝術、文學、科技等各種領域中自在如意，一切成功順遂。

當然，最重要的，還是祈願每一個人都能佛智圓滿，成就無上的佛果。

第1篇

總論

第一章 佛法中的智慧

什麼是智慧？智慧在根本上即是解除一切煩惱、痛苦、疑惑的力量，在此，我們先將智與慧做基本的解析。

所謂「智」（梵名Jñāna），音譯爲若那、闍那。又稱智慧。是對事理的是非、邪正能正確判斷了知的作用。在佛教，證悟的真因，即在於得到正智。

佛教大、小乘的要行，是在於戒、定、慧三學。其中戒，是使三業清淨，使三昧定境現前。而定是爲了發得無漏聖智之慧，因此三學都是以智爲究竟。所以，不論是聲聞乘觀察苦、集、滅、道四諦之理而得智慧，或緣覺乘觀察十二因緣而得證智慧，或是菩薩乘修六度萬行而得到智慧，其究竟，不外乎是在於得證般若波羅蜜之智。

而佛果境界所得證者則是菩提、涅槃，菩提是究竟之智，涅槃是其所證之理。佛陀證悟無上菩提之智，而證入究竟寂滅的涅槃境界，所依止的都是甚深的佛智。

至於「慧」（梵名 prajñā）則是指簡擇事理的覺知作用。在《俱舍論》卷四中說：「慧，謂於法能有簡擇。」而《俱舍論光記》卷一對慧也有一番解釋，談到能夠推求、能思慮境界、能有所成辦，所以名之爲慧。

佛教最後的目的在於獲得證悟的智慧。所以不論小乘、大乘，或戒定慧三學，或六波羅蜜，都是將智慧置於最後。

在佛法中，將智慧分成以下幾類：世俗欲界的有漏智慧、初步證悟的智慧、聲聞阿羅漢的智慧、辟支佛（緣覺）的智慧、菩薩種種階段的智慧、佛最高最圓滿的智慧等差別。

慧是指最廣義的智慧。根據《阿毗達磨》的說法，「慧」含有善、惡、無記等一切智的作用，甚至包含了有漏凡夫的劣慧到無漏的最高智慧。一般認爲般若的智慧，是最高的智慧。然而，事實上「般若」只是普通的智慧名詞，如果加上「波羅蜜」（pāramitā）一詞，才成爲具有「最高、完全智慧」之意的般若波羅蜜。

而在智慧的作用上，一般可分爲「有分別智」（savikalpa-jñāna）及「無分別智」（nir-vikalpa-jñāna）二種。「有分別智」，是指「智慧」意識到「對象」，並且與所意識到的對象對立狀況上的覺知；而「無分別智」，則是指「智慧」沒有與「對象」分別，而與對象融合爲一的境界，這才是最高證悟的智慧。

我們可以如此理解，「無分別智」就是觀察「色即是空」的「空」之智慧。佛法首先要從聞思中去了解，一切諸法都是無我與無自性；接著，是依據無我、無自性的道理，以無所得、無執著的態度，從事無礙自在的一切行動。不執著，運用力、心，即無礙自在；自然如法、自然法爾的智慧，這就是無分別智。這就是最高的智慧，也是大智慧般若波羅蜜。

而獲得最高無分別智的佛或菩薩，就以如此的智慧從事救濟眾生的慈悲行動。這時，這樣的智慧又成爲覺察救濟眾生的有分別智，但是這樣的智慧，是獲得最高無分別智後所產生，與一般凡夫有分別智不同，所以稱有分別後得智。

如果以六波羅蜜來說，般若波羅蜜以前的布施、持戒、忍辱、精進、禪定等五波羅蜜，是有分別後得智的作用，也稱爲方便（upāya）。所以，六波羅蜜又分爲方便及般若二者，方便是基於有分別後得智的慈悲行動，般若是基於無分別智的智慧活動。前者可說是下化眾生的大悲，後者可說是上求菩提的大智。而具備此大智、大悲的智慧行動，即是大乘佛法的核心。

至於般若波羅蜜（梵名 prajñā-pāramitā），又稱爲般若波羅蜜多、般羅若波羅蜜、鉢羅賢攘波羅蜜；意譯爲慧到彼岸、智度、明度、普智度無極、明度無極。或稱作慧波羅蜜多、勝慧波羅蜜多、慧波羅蜜、智慧波羅蜜。爲六波羅蜜之一，十波羅蜜之一。是指照了諸法實相、窮盡其極之菩薩大慧。般若波羅蜜乃六波羅蜜之根本，一切善法之淵源，又稱諸佛之母。

在佛教中，智慧有種種不同的面向與類別，而諸佛、菩薩等更爲因應不同眾生的種種需求而廣學一切世間、出世間法門，以具足一切智慧才辯，來善巧廣演教法，方便濟度眾生一切願求，乃至圓滿眾生成正等覺。因此，在認識佛教中的智慧、才辯本尊之前，我們先就佛教中常見的智慧、辯才類別，及菩薩爲善巧度眾所具足的世間工巧、學術、智慧，一一加以說明，期使讀者能更加深入了解諸智慧才辯本尊的甚深究竟智慧與善巧方便，乃至成就與本尊無異的圓滿智慧。

以下介紹「三智」、「五智」、「五明」、「四無礙辯」，希望能夠使大家對佛法中的智慧才辯觀念，有根本的理解。並依此掌握增長智慧才辯的方向，與智慧本尊相應。

⊙三智

「三智」指一切智、道種智、與一切種智。這三智分別是聲聞緣覺二乘、菩薩與佛陀的智慧。

1.一切種智

一切種智（梵名 sarvathā-jñāna），一切種智是指了知一切道、一切種、一相寂滅相與種種行類差別的佛智。天台宗認爲這是由中觀所成的智慧。中觀之智是了知一切皆爲中道，不偏不倚，證入絕對圓滿的境界。一切種智即是圓滿的佛智，體悟法界一切實相的究竟智慧。

2. 一切智

一切智（梵名 sarva-jña），音譯爲薩婆若。是指通達一切法相的智慧。在《俱舍論》卷二十九〈破我品〉中說：「纔作意時，於所欲知境無倒智起，故名一切智；非於一念能頓偏知。」

一切智是了知一切諸法總相的智慧，而總相即爲空相，這是體悟一切現空而無所執著的智慧。

說一切有部認爲此智唯有佛陀可得，但是其他部派則認爲聲聞、獨覺都能獲得。在《大智度論》卷二十七中，闡述一切智與一切種智的差別，以爲善知總相者爲一切智，善知差別相者爲一切種智；前者爲聲聞、獨覺之智，後者爲佛智。

在佛典中，有時爲區別聲聞獨覺的一切智與佛的一切智，而將佛的一切智稱爲一切智智，得此智的佛稱爲一切智人。又，有時「一切智」也是「一切智人」（即佛）的略稱。

3. 道種智

道種智又稱爲一切道種智、道智、道相智，即遍知世間、出世間一切道門差別的智慧，此種智慧是屬於菩薩的「不共智」，乃是菩薩教化眾生的智慧。而相對於一切智乃是了知諸法總相的智慧，一切種智乃是了知諸法別相的智慧，三者構成了佛教中的智慧體系。

《大智度論》卷二十七謂道種智說：「道名一道（中略）、十善道乃至一百六十二道，如是等無量道門，如是諸道盡知遍知，是爲道種慧。」在此以菩薩爲教化眾生是說世間、出世間、有漏、無漏諸道的智慧爲道種智。

⊙五智

五智（梵名 pañca jñānāni），在密教中即是指唯識所說轉識得智之四智，再加上法界體性智而名之，並常以五方佛或五大擬配五智。此五智之特質，略如下述：

⑴**法界體性智**（dharmadhātu-viśuddhi-jñāna）：三密差別之數過於塵剎名爲「法界」，諸法所依故云「體」，法爾不壞故云「性」。轉第九識得此智。如

以五佛配屬，當屬中央大日如來。於五大中乃轉空大的業劫氣爲空大智慧氣，能降伏痴性的眾生。

(2)大圓鏡智(ādarśa-j.)：自他三密無有邊際，具足不缺，名爲「大圓」；實智高懸萬像顯現喻爲「鏡」。轉第八識則可得此智。五佛之中，相當於東方阿閦如來。於五大中乃轉水大之業劫氣成水大的智慧氣，能調伏瞋性眾生。

(3)平等性智（samatā-j.）：宛如清淨智水不會撿擇有情與非有情，故名「平」；彼此同如，故名「等」；常住不變，故名「性」。轉第七識可得此智。相當於五佛中的南方寶生如來。於五大中則轉地大業劫氣爲地大智慧氣，能降伏慢性眾生。

(4)妙觀察智（pratyaveksanā-j.）：是指巧妙觀察諸法自在說法的智慧，如《祕藏記》所說：「五眼高臨，邪正不誤，因以名之。」轉第六識而得此智。相當於五佛中西方的阿彌陀如來。於五大中轉火大業劫氣爲火大智慧氣，調伏貪性眾生。

(5)成所作智（kṛtyānuṣṭhāna-j.）：自證、化他二利應作，故名「所作」；

大悲隨類應同之妙業自在，必可成就，故名爲「成」。轉前五識得此智。相當於五佛中的北方不空成就如來。於五大中能轉風大業劫氣爲智慧氣，能調伏一切愚性、迷性眾生。

而所謂轉識得智，乃指轉有漏的八識成無漏的四智，又稱作轉識成智，而所謂轉八識而得四智分別爲：

(1)眼等前五識轉至無漏時，得成所作智。此智爲欲利樂諸有情，所以能於十方以身、口、意三業爲眾生行善。

(2)轉第六識成妙觀察智。此智善觀一切境界的自相、共相而無障礙，能總攝一切陀羅尼門、三摩地門，在大眾會中說法自在，能斷一切疑惑。

(3)轉第七末那識，得平等性智。此智觀一切法、自他一切平等，恆與大慈悲相應，隨諸有情所樂，示現受用身土。

(4)第八阿賴耶識轉至無漏時，可得大圓鏡智。此智離諸分別，所緣、行相微細難知，不妄不愚，一切境相，性相清淨，離諸雜染，如大圓鏡之能現眾色像。

⊙四無礙辯

四無礙辯（梵名catasraḥ pratisaṃvidaḥ），又稱爲四無礙智或四無礙解，略稱爲四辯或四無礙。是指佛、菩薩、聖眾等所具有的四種自在無礙辯，即：法無礙辯、義無礙辯、辭無礙辯、辯無礙辯。此四無礙乃大小乘的通目，用來顯示無礙自在說法教化的德用。

依小乘教義而言，此四無礙智分別指：

⑴**法無礙辯**：又稱爲法無礙智、法無礙解，或略稱作法辯。是指於一切法相、名字有無礙自在的智解，所以能善於辯說。

⑵**義無礙辯**：又作義無礙智、義無礙解，或略稱爲義辯。是指關於一切法相、名字的義理有無礙自在的智解辯才。

⑶**辭無礙辯**：又稱作辭無礙智、辭無礙解，或略稱作辭辯。是指通曉一切方言而無礙辯說的智解、辯才。

⑷**辯無礙辯**：又稱作辯無礙解、辯無礙智、應辯，或稱作樂說無礙辯。是指

隨順眾生根機而巧妙演說，令眾生樂聞的智解、辯才。

大乘的說法上大致與小乘說法類似。然而大乘的法、義、辭、辯四者窮盡法性，入第一義諦，甚妙難測，因此，惟有佛、菩薩真正具有四辯，小乘聖者並不具有此四辯。新譯《華嚴經》卷三十八、《大集經》卷五、南本《涅槃經》卷十五等就此有詳細的解說。

關於大小乘是否都具有四無礙辯，也有說法認為不論大、小乘都具有此四無礙。其中，小乘唯利根阿羅漢具，大乘種姓已上則皆具，部分十信菩薩亦具。另一說則如《涅槃經》所說：聲聞、緣覺無四無礙，而認為四無礙為大乘獨具。

⊙五明

明（梵名vidyā）為「無明」的對稱。指破除愚闇、通達諦理的智慧，其梵名音譯作苾馱。在《中阿含》卷五十六〈羅摩經〉中說：「五比丘，捨此二邊有取中道，成明，成智，成就於定而得自在，趣智，趣覺，趣於涅槃，謂八正道。」《三轉法輪經》則說：「由我於此四聖諦法解了三轉十二相故，眼智明覺皆悉得生。」這是說修習八正道，解了四聖諦之理，能成就眼智明覺而趣入涅槃。

「明」的梵語 vidyā 是由語根 vid（表知之義）轉得的名詞，意味知識或學問。因而印度將種種科學藝類別爲聲明等五明（pañca-vidyāḥ）。此外真言等有除癡闇、拂障難的功用，所以也稱爲明。而佛陀圓滿具足三明及身口行業，故十號中有「明行足」一名；大乘菩薩於十地中的第三發光地顯發淨明智慧，故又稱爲明地；初地以上的菩薩觀三世諸法實相，其心明了，故稱其所悟之菩提爲明心菩提。

其中五明（梵名 pañca vidyā-sthānāni）具稱爲五明處，是印度古代的五類學術，即聲明、因明、醫方明、工巧明和內明。

在《西域記》卷二中說：「聲明」，釋訓詁字，詮目疏別（指一切語言、音樂等音聲之學）。「工巧明」，伎術機關，陰陽曆數（即一切科學、技藝、藝術等的學問）。「醫方明」，禁咒閑邪，藥石針艾（即一切醫藥）。「因明」，考定正邪，研核真僞（即一切的邏輯、思惟、推理等方式）。「內明」，究暢五乘，因果妙理（指佛法）。

《瑜伽師地論》〈菩薩地力種姓品〉解釋菩薩的求法說，菩薩應當求一切菩薩藏法、聲聞藏法、一切處論、一切世間工業處論。此中，菩薩藏法和聲聞藏法屬於內明，一切處論指聲明、因明、醫方明，一切世間工藝處論即指工巧明。因此，五明也包括了大乘菩薩所學的全部學術，乃菩薩為度眾方便所應善學、具足的善巧智慧。

第二章 增長智慧才辯的本尊

智慧是佛法的核心，不管是小乘佛法或大乘佛法，智慧貫串所有的佛教法門，成為佛法的主軸。因此，佛教即是智慧之教，一切修行、教法都是為了證悟實相的智慧，以離苦得樂，乃至證得無上菩提甚深佛智為目標。

所以，在佛教中，一切的諸佛菩薩都是依無上菩提的智慧而成就。因此諸佛菩薩都可以視為智慧的本尊。不過由於諸佛菩薩在往昔修行時的本願，各有不同的傾向，因地中的體性及修法的特性上，有著因緣上的差別。例如在中國佛教中最著名的四大菩薩：大悲觀世音菩薩、大智文殊菩薩、大願地藏菩薩、大行普賢菩薩，分別以悲心、智慧、誓願、行持為他們的特德。

雖然這些佛菩薩在悲心與智慧上是平等的，但由於因緣關係，大眾常以他們的特德做爲崇仰的依皈，再加上有許多佛菩薩乃至經典的修法，是專門針對某一類型的因緣而作特別的濟度，如針對增長智慧、才辯或是慈悲救苦等。因此，智慧才辯的本尊在緣起上，對增長眾生世間、出世間的智慧、才辯特別有緣、有力。大眾對他們祈請、修法，將使自己的學習、記憶、聞思、才藝、口才、事業等產生有力的增長進步，並進而增長出世間的解脫智慧，而離苦得樂，乃至成證無上的佛智。

在本書中所介紹的智慧才辯諸尊，包括了佛、菩薩、諸天及經典修法。在佛部中以大日如來（包括五方佛）、佛眼佛母爲主。大日如來是法界中甚深佛智的主體，代表著法界體性的智慧，是總持一切智慧的佛智，而五方佛即是由此智慧主體分化而成的五種佛智表徵。這五佛五智其實是一切智慧的總持根本。而佛眼佛母是般若中道妙智的顯現，是五部如來的智慧眼目。因此，在佛部諸尊中，主要是以法界主體、總持的深智及無上菩提的圓滿智慧爲主。

而菩薩的部分包括了大智文殊菩薩、虛空藏菩薩、般若菩薩、普賢菩薩及諸觀音菩薩，這些菩薩除了具足出世間的般若妙智之外，並具有各種出世間及世間的特德深智，能使眾生圓滿出世間的解脫智慧，及加持修持者成就各種世間的才辯聰明，並使圓融世間與出世間的智慧才辯，使眾生不只在出世間方面能成證解脫，在世間的各種事業、學業、才辯上也能獲得增長，更能修證世、出世間的圓滿菩薩勝行。而烏樞沙摩明王、馬頭明王、金剛童子等諸金剛明王，也同樣具足這樣的特德。

此外，諸天中的辯才天、摩利支天、訶利帝母及伎藝天等，雖然也能增益修行人出世間的解脫智慧，但對於修持者在世間的技藝、才辯的增長上，特別有力。因此如果想要讓自己的辯才、技藝、聰明才智獲得進步，可特別向這些天人祈請，或修持他們的法門。

本書的編纂，希望能讓所有的大眾在世間與出世間的智慧才辯上，獲得圓滿的增長，並得到一切智慧的願求，解除所有的疑惑煩惱，最終成就圓滿的生命。

第三章 修持智慧才辯本尊的簡修法

在智慧才辯本尊中，每一位本尊都有他們各自的修持法軌。由於每一位本尊，在本願、心要、手印、真言及修持法門的不同，所以各自的修持法軌也有極大的差異。

在經典中諸尊的修持法軌是極爲豐富的，隨順著諸尊的特德，在觀想、供養上都有各自的特色。尤其是因應於不同的因緣方便，或相應於增長出世間的智慧、悲心及世間的聰明才辯、技藝等不同的祈請，更使諸尊的修法更趣豐富。修學者，可依據本尊中所提示的修法內容，或依據經典中的儀軌修法，如實的修習。

不過，對於如此豐富複雜的修法，許多修行者可能無法每日修習，所以在此提供比較簡略的日常修持法軌，對於忙碌的現代人而言，應是很實用而方便的。而事實上每一位本尊的修法雖然差異十分的大，但是除了諸尊的特別行法之外，也有其共通的原則方法。

在此，修學者可以依據以下所提供的簡要修持方法，每日恆修諸位智慧才辯本尊的法門，一定可以獲得增長智慧才辯的利益。

修學者可以在每日晨起之後，或任何適當的時機，選擇安靜的處所，清淨身心，修習以下的簡修方法：

1. 首先，準備欲修持的本尊法相。
2. 於法相之前，合掌恭敬的念誦所修持本尊的名號。
3. 清楚觀察本尊的形像，並清晰的記憶於心中。
4. 想像本尊從其慈悲的心中，放出無量的光明，注照著我們，祈請他護佑我們，使我們所有一切的障礙、煩惱、苦惱、迷惑、無知、無明，全部消除，我們的智慧能自然地在心中不斷的增長。
5. 專注念誦此尊本尊的真言咒語，或誦念「南無〇〇〇佛（菩薩）」至少一〇八遍以上）。

6.在修法結束後，迴向我們所有修法的功德，念誦：

「願以此功德，

迴向於一切；

我等與眾生，

皆共成佛道。」

我們每日可以經常地使用這個簡修方法，來增長我們的智慧、才辯、記憶能力等，以及消除各種學習上的障礙，圓滿一切願求。

另外，我們也可以將這些修法功德，迴向給自己的父母、親友、子女等，祈願他們具足以上的智慧與福德。

若是家中或住所有佛堂，或者選擇一處清淨的地方（如書房等），我們也可以用鮮花、水果、香、燈等物來供養，並觀想這些物品化現爲無量珍寶供品，供養本尊。

除了供養之外，也可以多誦持此本尊的相關經典或咒語。

我們可以視自身的因緣與時間，如力誦持一經或數經，或可以完整誦完全經；或是少分的誦持，即使只有誦持經中的願文、名號或咒語等也無妨。

這個日常生活的簡修法軌，相信對於忙碌而無法長時修持的現代人是很好的簡修法，能使我們每天利用短短的時間，即能獲得智慧才辯本尊的加持利益，智慧日日增長開顯，生活幸福，乃至圓滿廣大甚深的佛智。

第2篇

智慧才辯本尊

大日如來

大日如來是代表法界智慧的主尊，其智慧光明能遍照一切處，開啟眾生本具的佛性、智慧，使眾生轉煩惱成智慧，五智圓滿，具足究竟安樂的諸佛智慧。

【特德】

大日如來（梵名Mahāvairocana），是密教最根本的本尊，在金剛界與胎藏界兩部密教大法中，都是法身如來，是法界體性自身，是實相所現的根本佛陀。

大日如來在漢譯中，又有摩訶毗盧遮那、毗盧遮那、遍一切處、遍照、光明遍照、淨滿、三業滿等名號。

在華嚴宗以毗盧遮那爲蓮華藏世界的教主，也是包含十方諸佛，顯示超越形相之佛法自身的法身佛。法相宗以此爲釋迦牟尼佛的自性身。天台宗以此爲釋迦牟尼佛的法身。

此尊在密教則奉爲真言密教的教主，而譯之爲大日如來，或稱摩訶毗盧遮那

象徵一切如來圓滿智慧的金剛界大日如來

，認爲大日如來不只是本尊，也是密教教理的核心。由於如來智慧光明遍照一切處，能使無邊法界普放光明，而開啟眾生本具的佛性、善根，成辦世出世間之事業，因此以大日作爲名號，並以之爲金剛界與胎藏界曼荼羅的中心本尊。

在金剛界與胎藏界中，都各有五方佛的說法。

金剛界五佛爲大日如來（毗盧遮那佛）、阿閦佛、寶生佛、阿彌陀佛、不空成就佛。在《金剛頂經》、《金剛頂瑜伽三十七尊出生義》、《菩提心論》等經論中認爲此四佛是由大日如來所出生。

一般我們觀察金剛界五佛的出生，是以菩薩依五相成身觀而證成爲金剛界如來，現身在金剛峰頂大寶樓閣中，爲金剛界毗盧遮那佛（大日如來）。而依中央法界體性智流所現起的毗盧遮那佛，現起四種佛智而流出四方四佛。即大圓鏡智示現東方阿閦佛，平等性智示現南方寶生佛，妙觀察智示現西方阿彌陀佛，成所作智示現北方不空成就佛。由於這五位如來分別象徵五智，所以又稱爲五智如來。這五智五佛爲法界的實相，實相普遍常住，眾生本來具足，而在修證的過程中，法爾顯現。

代表眾生智慧本然具足的胎藏大日如來

同樣的，在胎藏界五佛其實是代表一切佛陀五智的體現：

1.大日如來的智慧：示現爲法界體性智，是轉第九識的如來藏識而成就的圓滿佛智。而大日如來的法界體性智，也是其他四佛智慧的總體，代表圓滿究竟是無上佛智。而另外的四種佛智，則由其他的四方佛所示現開展。

2.寶幢如來的智慧：示現爲大圓鏡智，是轉第八意識阿賴耶識所成就的佛智。大圓鏡智如同圓滿清淨的大圓鏡般，盡攝法界眾相，並如實的映現，通達一切的實相。

3.開敷華王如來的智慧：示現爲平等性智，是轉第七識末那識所成就的佛智。平等性智能除滅一切自身、他人與所有世間的分別心，再體現一切平等無別的甚深佛智，所以稱爲平等性智。

4.無量壽如來的智慧：示現爲妙觀察智，這是轉第六意識所成就的佛智。妙觀察智能完全如實的了悟一切世間的微妙緣起，現觀一切眾生的根器，予以最微妙究竟的自在教法。

5.天鼓雷音如來的智慧：示現爲成所作智，這是轉眼、耳、鼻、舌、身等前

代表五種智慧圓滿的五方佛

五識所成就的佛智。成所作智是能究竟實踐一切如來妙德的智慧，能成辦救度一切眾生的無上佛智。

依《大日經疏》卷一記載，大日如來的名稱有三種意義：

⑴**去除黑暗遍照光明義**：如來的智慧日光如同世間日光，能除一切黑暗，而且比世間的日光更普遍、廣大，能遍一切處作廣大明照，沒有晝夜內外之分。

⑵**一切眾務皆能成辦義**：太陽行於人間，一切的草木生物各得增長，而世間的眾務也因此而成辦；如來的日光遍照法界，亦能開發眾生善根，一切世間、出世間的事業都能由此而成辦。

⑶**光明無生滅義**：當我們看不見太陽時，是因為烏雲遮蔽，並不是沒有太陽，而太陽也不是我們看見時才出生。佛心之日也是如此，雖然眾生的佛日被無明的烏雲所遮障，但是卻無所減，而安住在究竟實相的圓明無際時，也無所增。

胎藏界大日如來位於中臺八葉院中央，密號遍照金剛，示現菩薩形，身呈黃金色，身著白繒，手結法界定印，頭戴五佛寶冠，安坐於中央的寶蓮華座。

其種子為𑖀（a）或𑖁𑖾（āḥ），三昧耶形為窣都婆或如來頂印，印相為法界定印。

金剛界大日如來，象徵摧壞眾生煩惱，把降伏煩惱的智慧比喻爲「金剛」，表示其堅固不壞，代表著如來智慧的世界。《金剛頂經義訣》卷上說：此如來又名「佛菩薩眼如來」，亦名「諸佛菩薩母」，亦名「諸佛菩薩最上廣博清淨藏」。一切諸佛菩薩因此而得以明見，於中出生，一切賢聖於中安住，故有此名。

大日如來在金剛界中，密號遍照金剛、無障金剛，在一印會、四印會及成身會中，皆身呈白肉色，具足三十二相八十種好，手結智拳印，頭戴五佛寶冠，著妙天衣。

《覺禪鈔》卷一云：羯磨云大日以（vaṃ鑁）字爲種子，智種子也。又說：金界果位之上大日，以字大智水灑一切眾生阿字理性地，令生長佛種芽莖等，故爲種子。

依《大日經》所說，大日如來又化現成執金剛、普賢、蓮華手三位菩薩，普於十方宣說真言妙法，廣度一切眾生。執金剛代表降伏，普賢代表息災，蓮華手則以增益爲主。三位化身菩薩的廣大力用，代表大日如來不可思議的無量功德。

而《覺禪鈔》引諸經軌說大日如來五部真言爲：

（阿）東　阿閦金剛地觀

（鑁）西　彌陀金剛水作蓮花觀

（覽）南　寶生金剛火作日觀

（含）北　不空成就金剛風作月觀

（佉）上方　大日金剛空作空觀如來體性無生觀

又說：「右五部真言，是一切如來無生甘露之珍漿。醍醐佛性之妙樂，一字入於五藏，萬病不生，況修日觀月觀。」

又說：「金剛頂五部真言，受持、讀誦、觀照……永無災障及諸病苦，攝養長壽，五智髻珠，五佛肝心，十方三世諸佛能寂智母，一切眾生養育父母，十法界庫藏也。軌云：此五字誦一遍，當如轉一切經百萬遍，大千界內爲一切眾生說八萬四千法藏正教。」

由此可知，修大日如來法除有增益、息災等作用，由於其爲法界體性智所顯，常持其法、誦其咒，亦可開顯我們自身本來具足的五智，圓滿究竟佛智。

在形像方面，一般所見的大日如來像，是以瓔珞、臂釧、腕釧、寶冠等裝飾物來莊嚴其身。而印相方面，金剛界大日如來像，是以右手掌蓋覆左手的食指，結成智拳印；而胎藏界大日如來像，則是左右手掌相疊，結法界定印。在近幾年來，印度、西藏也發現胎藏界、金剛界兩種大日如來像。

另外，尚有四面大日如來的造像，因爲大日如來爲遍法界身，因此可同時向四方的四佛宣說四智印，所以四面具足。在《金剛頂經義訣》卷上說：「四面毗盧遮那者，（vaṃ，鑁）字輪中法身如來，四面圓滿，向四方作三昧相也。」這種四面大日如來的造相，在東密罕見，但是西藏的四面大日如來卻極多，稱爲一切智大日如來。

⊙大日如來的種子字、真言

種子字：（vaṃ）或（āḥ）或（a）

【真言】

唵① 縛日羅② 馱覩③ 鑁④（成身會）

𑖌𑖽① 𑖪𑖕𑖿𑖨② 𑖠𑖯𑖝𑖲③ 𑖪𑖽④

oṃ① vajra② dhātu③ vaṃ④

歸命① 金剛② 界③ 鑁④（大日的種子）

縛日羅① 枳惹南② 阿③（三昧耶會）

𑖪𑖕𑖿𑖨① 𑖕𑖿𑖗𑖯𑖡𑖽② 𑖁𑖾③

vajra① jñānaṃ② āḥ③

金剛① 智② 阿引入（大日的種子）③

鑁① 吽② 怛洛③ 纈唎④ 惡⑤（五智明）

𑖪𑖽① 𑖮𑖳𑖽② 𑖝𑖿𑖨𑖯𑖾③ 𑖮𑖿𑖨𑖱𑖾④ 𑖀𑖾⑤

vaṃ① hūṃ② trāḥ③ hrīḥ④ aḥ⑤

表金剛界的五智五佛。鑁表中央毗盧遮那佛① 吽表東方阿閦如來② 怛洛表南方寶生如來③ 纈唎表西方無量壽如來④ 惡表北方不空成就如來⑤

胎藏界眞言

1.無所不至真言（《大日經》〈悉地出現品〉）

南麼① 薩婆② 怛他蘖帝弊③ 微濕縛目契弊④ 薩婆他⑤ 阿⑥ 阿引⑦ 闇⑧ 噁⑨

namaḥ① sarva② tathāgatebhyo③ viśva-mukhebhyaḥ④ sarvathā⑤ a⑥ ā⑦ aṁ⑧ aḥ⑨

歸命① 一切② 如來③ 種種門④ 一切方法⑤ 阿⑥ 阿引⑦ 闇⑧ 噁⑨

2.滿足一切智智真言

南麼① 三滿多勃馱喃② 阿③ 味④ 羅⑤ 鈝⑥ 欠⑦

namaḥ① samanta-buddhānāṃ② a③ vi④ ra⑤ hūṁ⑥ khaṁ⑦

歸命① 普遍諸佛② 阿③ 味④ 羅⑤ 𤙖⑥ 欠⑦

以「阿、味、羅、𤙖、欠」象徵大日如來內證之德，並依次配以地、水、火、風、空五大。又有說「阿」表降伏四魔，淨除一切苦之義；「味」表無縛三昧，即六趣解脫之義；「囉」表六根淨之義；「𤙖」表如來的三解脫之義；「欠」表大空之義。

佛眼佛母

【特德】

佛眼佛母為般若中道微妙智慧的示現，代表法界智慧的總體，所以修其法可圓滿五智，具足一切智慧。

佛眼佛母（梵名Buddha-locanī），梵名音譯作沒陀路左曩、勃陀魯沙那；又稱爲佛眼、佛眼尊、佛母尊、佛母身、佛眼部母、佛眼明妃、金剛吉祥眼、一切如來寶、虛空眼明妃、虛空藏眼明妃、一切如來佛眼大金剛吉祥一切佛母等。

遍知院中的佛眼佛母

是密教所供奉的本尊之一。位於密教胎藏界曼荼羅的遍知院及釋迦院中。

佛眼佛母尊乃般若中道妙智的示現，具有五眼，《白寶口抄》卷十七（佛眼法）中說：「此五眼即五智眼也，謂佛眼，金剛眼，寶眼，蓮花眼，羯磨眼，是五部眼也。五部中，以法界智爲佛眼。以下四智配四眼，四智圓滿名法界智。今佛眼尊，法界智總體也，喻四河入海，同名大海，四眼悉具佛果眼故，五智眼合名佛眼，是金剛界佛眼也。又演密鈔云：三眼者，惠眼、法眼、佛眼也。是惠眼金剛部、法眼蓮花部、佛眼佛部也，故胎藏界三部中，以大日遍照配佛眼，以下二部配三眼，攝二眼功德故稱佛眼，是胎藏界佛眼也。」

同抄卷二十又引《大日經疏》五云：「虛空眼即是毗盧遮那佛母也，虛空眼，法界智德也，是等虛空字門，無邊無礙德能出生諸佛，故名佛母。又四智圓滿名法界智，今佛眼尊，法界智總體也……此尊以五眼爲內證，名佛眼也。」

密教以佛眼尊（即佛眼佛母）、般若波羅蜜等能產生諸佛，所以尊之爲佛母。在《大品般若經》卷十四〈佛母品〉說：是深般若波羅蜜能生諸佛，能與諸佛一切智，能示世間相，所以諸佛常以佛眼比喻深般若波羅蜜。而佛的隨類現身之

釋迦院中的一切如來寶（佛眼佛母）

妙德，也稱爲佛母。

又，以佛眼尊能出生金、胎兩部諸佛、菩薩，爲出生佛部功德之母，所以置於表示般若一切智的遍知、釋迦二院中。在遍知院的佛眼佛母又名爲虛空眼、諸佛母。位於中央一切如來智印的北方。密號殊勝金剛。而在釋迦院中的佛眼佛母又名遍知眼、能寂母、一切如來寶，位於中央釋迦牟尼佛北方下列的第一位，密號實相金剛。

一般多認爲佛眼佛母屬於佛部，由大日如來所化現。但《瑜祇經》謂其應屬於佛頂部，與一字金輪同體，由金剛薩埵所變。

而佛眼法的特色，是以星宿爲眷屬。修習此法，除可息災延命、福壽增長，由於此尊爲般若中道妙智的示現，代表法界智之總體，所以修其法可圓滿五智，具足一切智慧。

以此尊爲中尊所建立的曼荼羅，稱爲佛眼曼荼羅。即是畫三層八葉蓮華：於第一華院中臺畫大金剛吉祥母，八葉上分別畫一切佛頂輪王（即一字金輪佛頂）和七曜使者；第二華院畫八大菩薩，各執本標幟；第三華院畫八大金剛明王，又

佛眼曼荼羅

於華院外四方四隅畫八大供養及四攝等使者，皆戴師子冠。在《白寶口抄》中說其皆戴師子冠是降伏義、又表息災義、大悲義及智慧義也。又表勇健菩提心義，即自在化度眾生不空功之義也。

⊙佛眼佛母的形像

關於佛眼佛母的形像，在各經軌中有不同描述：

1.在胎藏曼荼羅遍知院中，此佛母遍身肉色，頭戴寶冠，繫有珠鬘，耳懸金環，臂著釧環，穿紅錦衣，結定印，於赤蓮華上結跏趺坐。

2.在胎藏曼荼羅釋迦院中，則通身金色，右手豎掌，屈中指、無名指，小指稍屈，伸拇指和食指；左手屈臂，置於胸前，持蓮華，華上如意寶，而向左方微微仰視。

3.《菩提場所說一字頂輪經》卷二〈畫像儀軌品〉中說，形如女天，坐寶蓮華，身如金色，目觀大眾，著輕縠衣，角絡而披。右手持如意寶，左手施願印，圓光周遍，熾盛光明，身儀寂靜。

4.《金剛峰樓閣一切瑜伽瑜祇經》卷下〈金剛吉祥大成就品〉中說：住於大白蓮上，身是白月光色，兩目微笑，二羽住臍，如入禪定，從一切支分出生十恆河沙俱胝佛。

5.《不空羂索神變真言經》卷九云：右手背壓在左手掌上，伸置臍下，結跏趺坐。

6.《大聖妙吉祥菩薩說除災教令法輪》中說：身相紅蓮色，左作五眼契，右結如來拳。

關於佛眼佛母的畫像，日本京都高山寺所藏，因爲有明惠所題的讚而特別著名。

由於胎藏界曼荼羅遍知院，將佛眼佛母與七俱胝佛母配置在一起，所以佛母的造像大部分都不是單獨一尊。

⊙佛眼佛母的種子字、真言

種子字：𑖐（ga）、𑖐𑖽（gaṃ）、𑖝（ta）

【真言】

曩謨① 婆誐縛覩② 鄔瑟抳灑③ 唵④ 嚕嚕⑤ 塞怖嚕⑥ 入縛攞⑦ 底瑟吒⑧ 悉馱⑨ 路者寧⑩ 薩縛喇他⑪ 薩馱儞曳⑫ 娑縛賀⑬

namo① bhagavat② uṣṇīṣa③ oṁ④ ruru⑤ sphuru⑥ jvala⑦ tiṣṭha⑧ siddha⑨ locanī⑩ sarvārtha⑪ sadhane⑫ svāhā⑬

歸命① 世尊② 頂③ 唵（三身的種子）④ 嚕嚕（無垢離塵的種子）⑤ 普遍⑥ 光明⑦ 安住⑧ 成就⑨ 眼⑩ 一切義利⑪ 富裕⑫ 成就⑬

虛空眼明妃眞言

南麼① 三曼多勃馱喃② 伽伽那③ 縛羅④ 落吃灑孅⑤ 伽伽那三迷⑥ 薩縛覩嗢蘖多⑦ 避娑羅⑧ 三婆吠⑨ 入縛羅⑩ 那謨⑪ 阿目佉羅⑫ 娑縛訶⑬

namaḥ① samanta-buddhānāṃ② gagana③ vara④ lakṣaṇe⑤
gaganasame⑥ sarvathodgata⑦ abhisara⑧ sambhave⑨ jvala⑩ namo⑪
amoghānāṃ⑫ svāhā⑬

歸命① 普遍諸佛② 虛空③ 願④ 勝相⑤ 等虛空⑥ 一切處超出⑦ 堅不可壞⑧ 從生⑨ 光明⑩ 頂禮⑪ 諸不空⑫ 成就⑬

文殊師利菩薩

【特德】

文殊師利菩薩是一切菩薩中智慧第一者，為三世諸佛的老師，為眾生佛道中之父母，具足種種善巧、教學方便，能護佑一切眾生入於智慧大海。

文殊師利菩薩（梵名 Mañjusri），梵名音譯爲文殊尸利、曼殊師利、曼殊室利、滿祖室哩，簡稱文殊。又名文殊師利法王子（梵 Mañjusrikumarabhūta

），或文殊師利童真、文殊師利童子菩薩、孺童文殊菩薩。在密教當中則有般若金剛、吉祥金剛、大慧金剛、辯法金剛等密號。與普賢菩薩同爲釋迦牟尼佛之左右脇侍，世稱「華嚴三聖」。在其經典中，又有妙德、妙首、普首、濡首、敬首、妙吉祥等名號。

⊙三世諸佛的老師

在《放鉢經》中，佛陀曾在法會中對大眾說：「今我得佛，有三十二相八十種好，威神尊貴，度脫十方一切眾生，皆文殊師利之恩。本是我師，前過去無央數諸佛皆是文殊師利弟子，當來者亦是其威神恩力所致。譬如世間小兒有父母，文殊爲佛道中父母。」

所以在《大乘本生心地觀經》卷八說，文殊菩薩是「三世覺母妙吉祥」。由於文殊菩薩能於諸法實相，通達無礙，而且具足各種說法善巧、教學方便，能使學人直接趣入智慧大海，所以號稱「大智文殊師利菩薩」，成爲最具代表性的智慧本尊。

一髻文殊菩薩

文殊師利菩薩爲宣揚般若大乘教義的菩薩。在《道行般若經》、《內藏百寶經》、《阿闍世主經》、《文殊師利問菩薩署經》、《首楞嚴三昧經》、《維摩詰經》、《寶積三昧文殊師利菩薩問法身經》、《慧印三昧經》、《正法華經》、《魔逆經》、《須真天子經》、《無極寶三昧經》、《放鉢經》等經中，皆以此菩薩爲上首而敍述其活躍百形。

此外，《文殊師利所說摩訶般若波羅蜜經》等般若部諸經中，文殊菩薩也以對告眾的身分，與佛或者舍利弗等諸弟子作問答。由此可察知此菩薩與大乘諸經，尤其是般若教說有密切關係。

在《法華經》〈序品〉中說：「往昔日月燈明佛未出家時，有八子聞父出家成道皆隨之出家。當時有一菩薩名爲妙光，佛因之說法華經。佛入滅後，八子皆以妙光爲師，妙光教化之，使次第成佛，其最後之佛名燃燈，其妙光即文殊也。」若是則文殊居八代之首。燃燈爲釋迦之師，故文殊乃釋迦如來九代之祖也。

可見文殊菩薩往昔爲妙光菩薩時，曾是燃燈佛的老師，而釋迦牟尼佛又曾隨學然燈佛，故有「文殊爲釋迦九代之祖」的說法，更顯現文殊菩薩爲三世諸佛老

五髻文殊菩薩

師的特德。

大智文殊菩薩，是一位具足偉大妙德的菩薩，在經典中常可見對其之贊歎：

如《放鉢經》中，佛陀告訴諸菩薩、阿羅漢言：「……今我得佛，有三十二相、八十種好，威神尊貴，度脫十方一切眾生者，皆文殊師利之恩。本是我師。前過去無央諸佛，皆是文殊師利弟子，當來者亦是其威神恩力所致。譬如世間小兒有父母，文殊者，佛道中父母也。」

在《文殊師利般涅槃經》中，佛陀告訴跋陀波羅：「此文殊師利有大慈悲。生於此國多羅聚落梵德婆羅門家。……於我所出家學道，住首楞嚴三昧。……是文殊師利，有無量神通，無量變現，不可具記。」

而在《阿闍世王經》卷上亦說：「文殊師利者，是菩薩之母，是則為迦羅蜜（善友，善知識）。」

在《文殊師利淨律經》中說：「文殊師利所說經法，開發結碍，靡不燿然，踰過聲聞緣覺之上。文殊師利設說大法，一切眾魔皆為降伏，諸邪迷惑，無得人便，諸外異道，莫不歸命，其貢高者，不懷自大，未發意者，皆發道心……自捨如來，未有他尊智慧辯才……如文殊者也。」

而近代的高僧大德，對文殊菩薩之贊歎與崇仰亦然，如印光大師在〈清涼山志重修流通序〉即說：「文殊菩薩，道證一真，德超十地，入三德之祕藏，居常住之寂光。但以救苦情殷，度生念切，故復不違寂光，現身塵剎，種種方便，度脫眾生。其為七佛師，作菩薩母，猶屬迹門之事。若論本地，則非佛莫知。」

而印順導師在《青年的佛教》一書中，對文殊菩薩有以下的描寫：「文殊菩薩騎著青毛獅子；普賢菩薩卻坐在六牙白象上。這是什麼意思呢？淺一些來說吧！獅子是「百獸之王」，是最勇悍的，不怕一切而毅然前進的。……這比喻佛菩薩的說法，是決定的，無畏的，一切外道教說，都就此銷聲匿迹了。獅子有這精進與無畏的德性，所以拿獅子來代表這種精神。……文殊菩薩智慧第一，為一最傑出的說法者，所以坐著青獅；普賢大行大願，所以坐著白象。我們見到青獅與白象，不但知道文殊與普賢的特長，也就會明白大乘佛教的精神了。」

⊙文殊菩薩的身世

《大智度論》卷一中說，慈氏（彌勒）、妙德（文殊）菩薩等是出此世界的菩薩，而觀世音菩薩等則是來自他方國土。

在《文殊師利般涅槃經》中說：「此文殊師利有大慈悲，生於此國多羅聚落梵德婆羅門家。其生之時，家內屋宅化如蓮華。從母右脇出，身紫金色，墮地能語如天童子，有七寶蓋隨覆其上。詣諸仙人求出家法，諸婆羅門、九十五種諸論議師無能酬對，唯於我所出家學道，住首楞嚴三昧。以三昧力故，於十方面，或現初生、出家、滅度入般涅槃、現分舍利饒益眾生。」

《大般涅槃經》第三〈壽命品〉也說：「眾中有一菩薩摩訶薩，本是多羅聚落人，姓大迦葉，婆羅門種，年幼在稚。」《文殊師利現寶藏經》卷下則云，文殊師利化作五百異道人，自任其師。與五百眷屬訪維耶離國薩遮尼犍弗處，而令彼五百學志等輩皈依佛陀。

又，《大智度論》第一百中說，佛滅度後，文殊與彌勒等諸大菩薩一同請阿

六髻文殊菩薩

難結集摩訶衍。以上皆說此菩薩是歷史上真實的人物。

◎文殊菩薩的本願

文殊菩薩未爲菩薩時，於何時初發心修菩薩道？所發之本願爲何？在《文殊師利佛土嚴淨經》卷下、《大寶積經》第六十〈文殊師利授記會〉及《悲華經》〈諸菩薩本授記品〉第四皆有記載。《大寶積經》〈文殊師利授記會〉中，載明文殊菩薩之初發心及所發之本願。

據經中所載，往昔在法會中有位師子勇猛雷音菩薩，無論他再如何追問文殊師利菩薩發心之久近，文殊菩薩始終不肯說，後來是世尊代爲宣說，在〈文殊師利授記會〉中云：「爾時，師子勇猛菩薩白佛言：『世尊！此文殊師利不肯自說發心久近，此諸大眾皆樂欲聞。』」

於是，佛陀告訴與會大眾：「善男子！文殊師利是甚深忍者，安住於甚深忍中，菩提及心皆不可得，以不可得是故不說。但是，善男子！我今當說文殊師利發心久近之因緣。善男子，在過去久遠過七十萬阿僧祇恒河沙劫，有佛名雷音如來、應、正等覺出現于世間，在東方去此過七十二那由他佛刹，有世界名爲無生。彼雷音如來於其中說法，當時聞法的聲聞衆有八十四億那由他，諸菩薩衆二倍過前。

善男子！那時有王名爲普覆，七寶具足王四天下，以正法理化導群生爲法輪王，而於八萬四千歲中，以衣服飲食、宮殿臺觀、僮僕給侍，一一殊勝美妙，恭敬供養雷音如來及諸菩薩、聲聞大衆。」

當時其王親族中宮婇女王子大臣，一心供養如來及大衆，雖經多年也無厭倦。如是多年之後，普覆王獨自在靜處思惟：「我今已聚集廣大善根，而尚未決定此福德所迴向處，我應當祈願爲帝釋、大梵天王、轉輪王呢？還是求聲聞、辟支佛果？」大王作是念已，只聞空中諸天告訴他：「大王勿生起如是狹劣之心。何以故？大王之所集福德甚多，應當發求取無上正等正覺之菩提心。」當時普覆王聽聞是語，歡喜地想：「我現今即於此決定不退，何以故呢？因爲天人深知我心而來忠告我。」

當時的普覆王就是文殊師利菩薩，他於往昔過七十萬阿僧祇恒河沙劫，初發菩提之心，次過六十四恒河沙劫得無生法忍，能具足菩薩十地如來十力，佛地諸法悉皆滿圓，而未曾起一念之心：『我當得佛。』」

文殊菩薩從初發菩提心，至得無生法忍，終能具足如來佛地諸法圓滿，於此中未曾生起一念「我當得佛」之心，廣勸十方眾生發菩提心，修證佛果，又從而供養、護持諸佛如來法，可說是大悲菩薩之具體表現。

文殊菩薩雖以大智表彰特德，但其悲心深廣，由其在〈文殊師利授記會〉中所顯之十八本願可知。

在〈文殊師利授記會〉中，師子勇猛雷音菩薩問文殊師利菩薩，當得何等佛剎功德莊嚴？文殊菩薩始終不予回答，並說：「對於如來一切智者，說自佛剎功德莊嚴，即為菩薩自讚己德。」故不能說。直至佛陀告訴文殊師利菩薩，可自說以何等願莊嚴佛剎，令諸菩薩聞已，決定成滿此願時，文殊菩薩才承佛敕教而宣說本願：

1.我從往昔百千億那由他阿僧祇劫已來，起如是願，我以無礙天眼所見十方無量無邊諸佛剎中一切如來，若非是我勸發決定菩提之心，教授教誡令修布施、持戒、忍辱、精進、禪定、智慧乃至令得阿耨多羅三藐三菩提，我於菩提終不應證，而我要當滿此所願，然後乃證無上菩提。

2.我有是願，以恒河沙等諸佛世界為一佛剎，無量妙寶間錯莊嚴，若不爾者，我終不證無上菩提。

3.我復有願，令我剎中有菩提樹，其量正等十大千界，彼樹光明遍此佛剎。

4.我復有願，我坐菩提樹已，證得阿耨多羅三藐三菩提乃至涅槃，於其中間不起此座。但以變化遍於十方無量無數諸佛剎土為諸眾生而演說法。

5.我復有願，令我剎中無女人名，純菩薩眾，離煩惱垢，具淨梵行。初生之時，袈裟隨體，結加趺坐，忽然而現。如是菩薩遍滿其剎，無有聲聞、辟支佛名，唯除如來之所變化，往詣十方，為諸眾生說三乘法。

6.我復有願，如阿彌陀佛剎以法喜為食，而我剎中菩薩初生起食念時，即便百味盈滿於鉢在右手中。尋作是念：若未供養十方諸佛及施貧窮苦惱眾生、餓鬼等類令其飽足，而我決定不應自食。作此念時，得五神通乘空無礙，往於十方無量無數諸佛剎中，以食供養諸佛如來及聲聞眾，又於貧苦諸眾生類亦皆周給，復爲說法令離渴愛，於一念頃還至本處。

7.我復有願，於我剎中諸菩薩等，初生之時所須衣服，於其手中，隨意皆出種種衣寶，鮮潔稱體應沙門服。便作是念，若未供養十方諸佛，不應自用。於一念中，往詣十方無量佛剎，以此衣寶獻諸佛已，還至本處方自受用。

8.我復有願，我佛剎中諸菩薩眾，所得財寶及諸資具，要先分施諸佛聲聞，遍供養已然後受用。

9.又我剎中，遠離八難及不善法，既無過咎亦無禁戒，無有苦惱諸不悅意。

10.我復有願，我佛剎中積集無量妙寶所成。復以無量摩尼妙寶，間錯莊嚴。其摩尼寶於十方界，所未曾有甚爲難得。如是寶名俱胝歲中說不能盡，隨諸菩薩樂見彼剎金爲體者，即見爲金，樂見銀體即見爲銀，然於見金未曾損減，樂見頗梨琉璃、馬碯、赤真珠等無量諸寶，各隨所見皆不相礙。如是栴檀香體、阿伽羅香乃至赤栴檀等，各隨樂見亦復如是。

11.又彼剎中，不以日月摩尼星火等光之所照見，彼諸菩薩皆以自身光明，照於千億那由他剎。

12.又彼剎中，以花開爲晝，花合爲夜。隨諸菩薩所樂時節即皆應之，然無寒暑及老病死。

13.若諸菩薩隨其所樂，欲證菩提，即往餘剎，於兜率天壽盡降生而證菩提。

14.此佛剎中無有涅槃。

15.百千種樂於虛空中，雖不現相而聞其音，此樂不出順貪愛聲，但出諸波羅蜜佛法僧聲，及菩薩藏法門之聲，隨諸菩薩所解妙法，皆悉得聞。

16.又諸菩薩，若欲見佛隨所詣處經行坐立，應念即覩普見如來坐菩提樹。

17.若諸菩薩於法有疑，但見彼佛不待解釋，疑網皆斷解了法義。

18.我復有願，如我所見無量無數百千億那由他諸佛世尊，而從諸佛所有佛剎功德莊嚴，如是一切皆令置我一佛剎位，唯除二乘及五濁等。

在文殊菩薩發願以大智慧教化一切生命：「我從往昔百千億那由他阿僧祇劫以來，起如是願，我以無礙天眼所見，十方無量無邊諸佛剎中一切如來，若非是我決定勸發菩提之心，教授教戒令修布施、持戒、忍辱、精進、禪定、智慧，乃至令得阿耨多羅三藐三菩提，我於菩提終不得證。」

文殊菩薩並發願要勸導一切眾生發起菩提心，教授他們圓滿的智慧、悲心，直到一切眾生從初發心到成佛完全圓滿了，他自己才成就無上菩提。文殊菩薩的這種願力是相當深刻的，所以說他不但是智慧者，而且還是慈悲者。

此外，文殊菩薩也發願：「若諸菩薩於法有疑，但見彼佛不待解釋，疑網皆斷，解了法義。」

同樣的，如果我們對一切世間的學問，乃至出世間的修行智慧，有所疑惑時，至心祈求文殊菩薩，也能使我們心開意解，或是得以遇到良師教導。

⊙文殊菩薩的住處

文殊菩薩爲了度化眾生，常遊化十方佛土，在此我們僅介紹其在這個娑婆世界的淨土。

在《六十華嚴經》卷第二十九〈菩薩住處品〉中說：「東北方有菩薩住處，名清涼山。過去諸菩薩常於中住。彼現有菩薩名文殊師利，有一萬菩薩眷屬，常爲說法。」

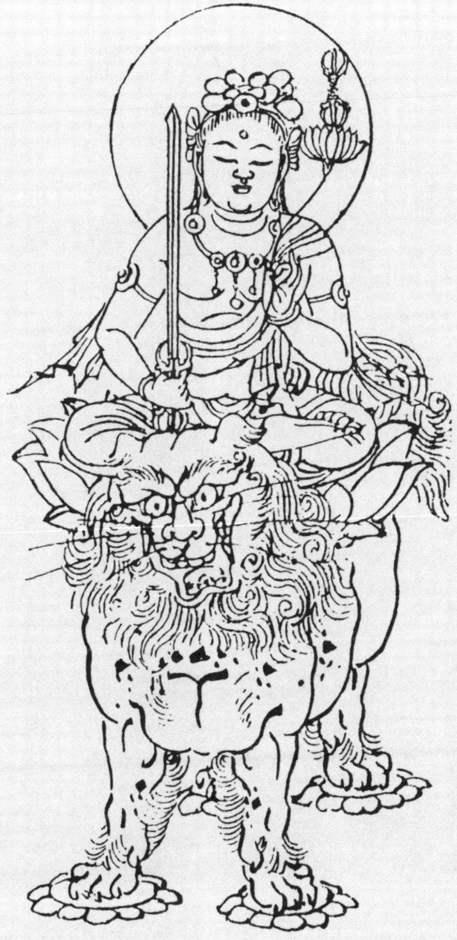

八髻文殊菩薩

《文殊師利法寶藏陀羅尼經》中則說：「我（佛）滅度後，於此瞻部洲東北方有國名大振那，其國中有山，號曰五頂，文殊師利童子遊行居住，爲諸眾生於中說法。」

《彰所知論》中也說：「東有五峰，文殊菩薩居止其上。」

《清涼山志》卷一中說：「東震旦國，清涼山者，乃曼殊大士之化宇也。亦名五台山。以歲積堅冰，夏仍飛雪，曾無炎暑，故曰清涼。五峰聳出，頂無林木，有如壘土之台，故曰五台。」

其中，東北方清涼山是指山西省五台山，古來皆傳爲文殊菩薩示現之道場。五臺山之五臺分別爲：東臺望海峰，又稱無恤臺、常山頂。西臺掛月峰，又稱譻䕭山，上有泉群山。南臺錦繡峰，又稱繫舟山。北臺叶斗峰，又稱夏屋山、覆宿堆。中臺即翠巖峰。自北魏文帝遊中臺，創建大孚圖靈鷲寺後即佛寺林立。在極盛時期，五峰內外佛刹多達三百餘寺，迄今約存一百餘寺。其中以大佛光寺與顯通寺之無樑殿、銅殿著稱於世。羅睺寺、清涼寺、金閣寺、北山寺、望海寺、大文殊寺亦頗爲著名。

僧形文殊

與此山有關係的名僧很多，如：不空建金閣寺、玉華寺等，成為密教中心。法照建竹林寺，修習念佛三昧；日僧圓仁承其教法，傳至比叡山，是為引聲念佛之始。澄觀曾於大華嚴寺著《華嚴經疏》。日本之入唐僧、入宋僧至此參訪者頗多。又如高麗之慈藏、罽賓之佛陀波利等皆曾登山參訪。

元代成宗皇太后嘗建大萬聖佑國寺，並重修五臺諸寺。八思巴亦曾駐此。明萬曆年間，重修大塔院寺，建護國釋迦文佛舍利塔，塔臺上築有球形之塔身，上安十三級之相輪，塔高二十七丈，周圍二十五丈，為西藏式喇嘛塔，是山中最為壯觀之地。清康熙以後，歷代皇帝行幸不絕，捐資營修，滿蒙之佛教徒亦常至此巡塔，活佛亦屢次巡駐。

歷代中高僧大德，常以五台山為朝謁文殊菩薩的聖地，或有至心虔誠，不畏艱難者，感得文殊菩薩顯應，其歷輩所記載，皆錄於《清涼山志》卷四〈五台山顯應錄〉中。而近代最著名的朝聖者，應屬虛雲老和尚，其為報母恩，由補陀山三步一頂禮，朝禮山至文殊聖地五台山，歷時三年有餘，途中曾生病且為大雪所困，但由於他至心堅毅，不畏苦難，終於感得文殊菩薩化現之文吉居士，幫助虛

藏傳佛教中的文殊菩薩

雲老和尚，度過病危，脫離大雪所困之境，這才得以順利朝禮文殊化土五台山。

⊙文殊菩薩開啟智慧的靈驗事蹟

在《佛祖歷代通載》中，也記載一則文殊菩薩開啟學人智慧的靈驗事蹟。有一位沙門名爲牛雲，年少時由於不聰慧，因而發願參詣五臺山，朝禮文殊菩薩。當他初至東臺時，遇見一個老人，老人問他：「爲何來五台山呢？」牛雲回答：「願見大聖，祈求聰明智慧。」

老人就告訴他：「文殊菩薩居於北臺，你可前往見之。」牛雲聽了之後，就往北臺行去。沒想到老人早就已經在北臺等他了。牛雲心想，這位老人家必定是文殊菩薩所化現，便恭敬地朝老人禮拜。

老人對他說：「你是一個出家的沙門，不應禮拜俗士。」但牛雲仍舊禮拜不已。

老人憐念他的摯誠，就爲其入定觀察，發現牛雲前身原來是牛，因爲曾經背運經典，以此功德而今生感獲比丘之報。

老人起定後就告訴牛雲這件事，又說：「你生性闇愚昏迷，是因爲胸中有淤肉在。我將爲你除去淤肉。」

於是老人叫他閉起雙眼，過程中不要張開眼睛。於是牛雲閉起眼睛，只感到老人以钁鋤其胸，但不會很痛。過了一會兒，牛雲感覺到心懷開豁，頓異於往時，待其張開雙眼，只見老人現身爲文殊大士，妙相端嚴，對牛雲說：「與汝聰明竟！」

牛雲歡喜踴躍作禮，及至起身時，文殊大士已隱去。從此之後，牛雲心中智慧開朗，總持經教，爲一時之導師。

⊙供養文殊菩薩得智慧

智猛法師，年少時非常愚癡，對許多事物都分辨不清，毫無概念，他的父親非常擔心，就用三十文錢，請畫師恭繪文殊菩薩的畫像，並叫智猛對著大士的像虔敬祈求。他的父親晚上入睡時，便夢到文殊菩薩的像放光照智猛的頭，頂光入頂。智猛醒覺之後，忽然自然生起辯才智慧，宛如學習多年的比丘一般。在讀誦經文時，對於其內容、文義，無不了知。

等到智猛年長，出家之後，因其才智過人，所以號爲智猛。

⊙文殊菩薩的形像

文殊菩薩常與普賢菩薩同侍釋迦牟尼佛，是釋迦牟尼佛所有菩薩弟子中的上首，所以又稱爲文殊師利法王子。其形像一般爲仗劍騎獅之像，代表著文殊菩薩法門的銳利，以右手執金剛寶劍斷一切眾生的煩惱，以無畏的獅子吼震醒沉迷的眾生。此爲顯密共同文殊菩薩的基本形象。

1.僧形文殊

在禪宗有一個著名的「文殊過夏」公案，文殊菩薩即是現僧形。依《文殊師利現寶藏經》卷下中所說，文殊師利在結夏安居時，不在佛邊，不在眾僧中，亦不見在請會、說戒中，而於舍衛城王宮采女中，及諸淫女、小兒之中安居三月，爲此，大迦葉遂欲逐出文殊師利。在《圜悟錄》十七云：「世尊於一處安居，至自恣日，文殊在會。迦葉問文殊，何處安居？文殊云：今夏三處安居。迦葉於是集眾白槌，欲擯文殊。即見無量世界，一一界中有一一佛一一文殊一一迦葉，白槌欲擯文殊。世尊謂迦葉云：『汝今欲擯那個文殊？』迦葉茫然。」此雖顯示大乘菩薩僧之文殊，於一切處能善巧修行，非聲聞僧之迦葉者所能了知。但亦顯現大慈悲文殊菩薩，相應於此間的時空因緣，現出家相教化眾生。

《大智度論》卷三十四曰：「釋迦法中無別菩薩僧，是故文殊、彌勒等入聲聞眾，次第而坐。」因此，我國諸多寺中或是僧堂、戒壇，甚至食堂，安置文殊之像皆現僧形。

2. 五髻文殊

在密教中文殊菩薩形像的種類，分爲一字、五字、六字、八字文殊，其中以五字文殊，即五髻文殊爲最主要。

五字文殊菩薩梵名 Mañjughosa，音譯作曼殊伽沙。此即是以𑖀（a，阿）、𑖨（ra，羅）、𑖢（pa，波）、𑖓（ca，者）、𑖡（na，那）五字爲真言之文殊師利菩薩。位列胎藏界文殊院月光菩薩之右方。又稱妙音菩薩，密號吉祥金剛，種子字是𑖀（a）或𑖦（ma），三昧耶形是青蓮花上金剛杵。

形相通常是身呈金色，現童子相，頂戴五髻冠。肘上繫袈裟一角，向外垂，右手仰掌，持梵篋，左手豎掌，屈大、頭、中三指，執青蓮花，上有五股杵。

胎藏曼荼羅中又另設有文殊院，以此菩薩爲中尊。密號吉祥金剛或般若金剛，種子是（maṃ）或（ka），三昧耶形是青蓮上三股杵或梵篋。形像是身紫金色童子形，頂冠五髻，用表五智，右手仰掌，指端向右，左手豎掌，屈頭、中、無名三指，執青蓮花，上有三股杵。梵篋即《般若經》，表智波羅蜜，青蓮花表不染著諸法三昧。

《大日經》第一〈具緣品〉云：「次至第三院，先圖妙吉稱，其身鬱金色，五髻冠其頂，猶如童子形。左持青蓮花，上表金剛印。慈顏遍微笑，坐白蓮台，妙相圓，普光周匝互輝煌。」

《大日經疏》第三解釋：「阿闍梨言，鬱金即是閻浮金色，用表金剛深慧。首有五髻，爲表如來五智久已成就。以本願同緣故，示作童真法王子形。青蓮是不染著諸法三昧，以心無所住故，即見實相。金剛智印能以常寂光遍照法界，所以坐白蓮，意見不異中胎藏。」

印契依《大日經》〈密印品〉所述，是以定慧二手作虛空合掌，以二火指反壓二水指背，屈二風指，空指、頭指相捻。

真言是《大日經》第二〈普通真言藏品〉所云的：「南麼三曼多勃馱喃係係俱摩囉迦微目吃底鉢他悉體多薩麼囉薩麼囉鉢囉底然莎訶」。

同經疏第十釋之：「此真言意云，住醯醯童子解脫道者（係係俱摩囉迦微目吃底鉢他悉體多），憶念本所立願（薩麼囉薩麼囉鉢囉底然）。一切諸佛法身成佛，入身口意秘密體，則一切有心無能及者。然而，因憶念本願，故以自在力還生死，救度眾生。此真言之意亦爾。」

又說：「以此童子久已法身成佛故，請憶其本願，而度眾生。由請菩薩本願云有見聞觸知，憶念我者，皆於三乘，而得畢定，乃至滿一切願。此菩薩久已成佛，所謂普見如來，或云普現如來。以大悲加持力示童子身。」這是說明此菩薩久已法身成佛，但以大悲加持力現童子身度眾生。

3. 一髻文殊

一髻文殊是指結一髮髻之文殊菩薩，在《大方廣菩薩經》中及《文殊師利根本一字陀羅尼經》舉出文殊菩薩一字真言：唵齒嚂，故又稱一字文殊。一字文殊之種子字爲 （śri），三昧耶形爲青蓮華上載如意寶珠者。尊像作童子形，身呈金色，半跏坐於千葉白蓮華上，左手執青蓮花，花上有一如意寶珠。右手向外，五指垂下，結滿願印，熙怡微笑。以其髮髻爲一髻，故又稱一髻文殊。

密教修法中，以一字文殊菩薩爲本尊，以 （śrhyim，齒嚂）或 （trhyim，體哩呬淫），一字爲真言所修之法。在《覺禪鈔》卷第五十八中說，一心誦持此咒滿一個月，即可見到文殊菩薩現身空中，行者並可得宿命智，辯才無礙。

據《文殊師利根本一字陀羅尼經》記載，此呪能滅除一切惡邪魍魎，爲一切諸佛吉祥之法，也是能成就一切之神呪。誦此呪能令眾生起大慈心、大悲心，一切障礙皆得消滅，所有諸願皆得滿足。

除此之外，如婦人難產，或諸男子爲箭所中，各種疾病痛苦，如果能在服藥前，先持誦此咒加持，療效必定更好。

又此一字文殊陀羅尼呪，能令眾生於現世獲得安穩，諸如來大菩薩眾常爲眷屬，一切所願悉得成就。

4. 八髻文殊

文殊師利菩薩在《大聖妙吉祥菩薩秘密八字陀羅尼修行曼荼羅次第儀軌法》舉出八字真言：唵阿味囉𤙖佉左洛。即（oṁ，唵）、（āh，噁）、（vi，尾）、（ra，羅）、（hūm，吽）、（kha，欠）、（ca，者）（rah，落）等八字為真言，故稱八字文殊。《覺禪鈔》卷六十中說，誦持此真言，能得智慧、多聞、長壽。

因為此文殊菩薩頂上有八髻，故又稱八髻文殊菩薩。常用於息災時修此法，或來祛除惡夢。其形像放金色光明，乘獅子王座，右手持智慧劍，左手執青蓮花，於蓮華臺上安立智杵。又此尊之曼荼羅有三重建立及五重建立，稱為八字文殊曼荼羅。

5. 六字文殊

六字文殊乃是指以「唵縛雞淡納莫」六字為真言之文殊菩薩。此菩薩住於滅罪調伏之三昧，其真言有六字，故稱六字文殊。

依《陀羅尼集經》卷六所載，六字文殊之形像爲金色童子形，首戴天冠，跏坐蓮花，左手仰掌當胸，右手結說法印，觀音與普賢二大菩薩隨侍兩側。其種子爲（vaṃ），三昧耶形爲梵篋，印契爲大三鈷印。爲了往生極樂世界，或祈求長壽，以此菩薩爲本尊所修之法，稱爲六字文殊法，亦稱文殊六字法。

其形像總約而言，文殊菩薩代表一切如來之智慧，而無相智德不染著法，所以胎藏界的文殊，左手持青蓮花以爲表徵。又因爲其能斷煩惱之故，所以金剛界的文殊，右手持利劍以表之。在《大日經疏》五中即顯青蓮華義，其疏五云：「青蓮華是不染著諸法三昧，以心無所住故即見實相。」又《真實經》、《理趣經》中有文殊持利劍義，《真實經》云：「我今右手執大利劍，能斷一切眾生煩惱。」《理趣經》曰：「文殊以智劍揮砍一切如來。」即可了知文殊利劍能斷有情「眾生與佛」之差別相，而現究竟平等相。

文殊菩薩乘獅子者，爲金剛界之文殊；坐白蓮華者，是胎藏界文殊，擴而言之，胎藏界之文殊，其尊形以左手持青蓮花爲三昧耶形，且坐於白蓮臺。金剛界之文殊，則以金剛劍爲三昧耶形，騎乘師子或孔雀也。

師子座者表智慧，在《大集經文殊乘師子入破業障三昧疏》中說：「師子者，即是勇健菩提心，從初發意以來，得精進大勢，無有怯弱。猶如師子隨所執縛必獲無遺，即是自在度人無空過義也。」

6.現童子身的文殊菩薩

除了以上的形像之外，文殊菩薩也常示現成童子的樣貌。

在佛典中，童子是指青少年，代表堅貞、光明，在經典中常稱呼菩薩爲童子，代表菩薩所顯現的質直與真誠。

在大乘佛法的發展當中，童真般的菩薩，佔有極重要的地位。許多偉大的菩薩以童男、童女的形像出現，化導於世。大乘佛法當中，緊扣著菩薩道的實踐，表現出精進不已的生命觀，以大悲、大智指導勸學一切世間善巧應世。菩薩以童真來展現永遠精進的生命，以童真來棄絕一切世間的染著，以童真來表達真實誠懇的心靈。

此外，童子也代表了無限的可能——思想純真、精神飽滿、隨時修正自己。

如《華嚴經》中，善財童子五十三參，就有三位童子與兩位童女，接受了善財的參訪。

菩薩十地的第八不動地又稱爲童真地。童真地的菩薩棄一切有爲入於無功用行，象徵了童子的直心無造作，代表著修學佛法的最重要的階段。

◎藏密的文殊菩薩

文殊菩薩在西藏的造型，其坐姿多結跏趺坐，也有半跏坐於蓮華上，或直接以獅子爲座騎，比喻智慧如獅子般勇猛。有白、黑、桔紅、獅子文殊等不同法軌傳承。

在藏傳佛教中的文殊菩薩其種子爲ཌྷཱིཿ（漢音譯作帝），真言「嗡」表示歸命依止；「阿」表示空性無生；「喇」代表清淨無染離塵垢之義；「巴」乃是第一義諦諸法平等；「扎」無爲而有諸法、諸行；「納」爲無有諸法性相，言語文字皆不可得；「帝」主尊文殊的種子字，表悉地。

此外，文殊菩薩的真言又有以下的意義：

「嗡」：表三門清淨心、皈依作供獻、獲三輪加持、福智功德齊備。

「阿」：表本然寂滅無生意，象徵毗盧遮那佛，入根本清淨、無生滅法門。

「喇」：表無相遠離破壞束縛，象徵阿閦如來，入於圓滿實相，為降魔不動門。

「巴」：表無有染著，象徵寶生如來，入於法界真如，為降伏貪心平等門。

「札」：為本淨妙行義，象徵觀自在如來，入於妙觀理趣，遠離瞋恚的淨土門。

「那」：表示本空自性，象徵不空成就佛，成就金剛菩提，斷除愚癡入於解脫門。

「帝」：乃一切諸法集積不可得之義。

誦持文殊法，可增長一切福德、智慧，堅固記憶，令行者得聰明才辯，演說一切妙法，了知諸法真實義，消除愚痴、闇啞及語業各種障礙。

在藏傳佛教中，常於發心研經學法，思量、造論、辯經前先修持「五字文殊菩薩修持儀軌」以祈求文殊菩薩之加持，開顯學人的智慧，並使學人具足無礙的大辯才。

◉文殊菩薩的真言

南麼① 三曼多勃馱喃② 係係③ 俱摩囉迦④ 微目吃底⑤ 鉢他⑥ 悉體多⑦ 娑麼羅娑麼羅⑧ 鉢羅底然⑨ 莎訶⑩

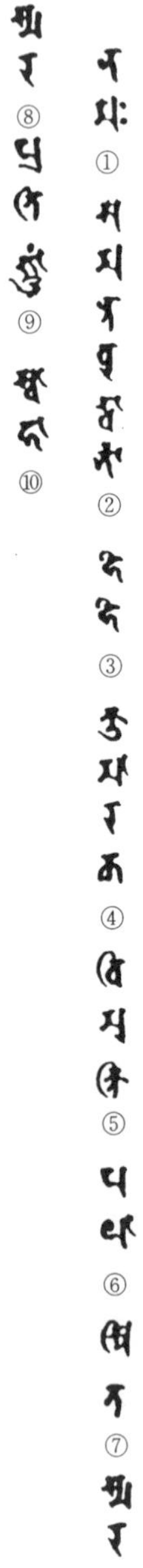

namaḥ① samanta-buddhānāṁ② he he③ kumāraka④ vimukti⑤ patha⑥ sthita⑦ smara smara⑧ pratijñāṁ⑨ svāhā⑩

歸命① 普遍諸佛② 係係（呼召之聲）③ 童子④ 解脫⑤ 道⑥ 佇立⑦ 憶念憶念⑧ 昔所願⑨ 成就⑩

◉五字文殊真言

阿① 羅② 波③ 左④ 那⑤

a① ra② pa③ ca④ na⑤

「阿（a）」本然寂靜無生之義（毗盧遮那說）；「羅（ra）」空離塵之義（阿閦佛說）；「波（pa）」本真無染著離垢之義（寶生佛說）；「左（ca）」本淨妙行之義（觀自在王如來說）；「那（na）」本空無自性之義（不空成就如來說）。

◎一髻文殊真言

唵① 娑摩那② 始哩③ 娑縛賀④

oṁ① samāna② śrī③ svāhā④

歸命① 同一② 吉祥③ 成就④

唵① 齒臨②

歸命①齒臨(種子)②

◎八字文殊(八髻文殊)真言

唵①阿入引②味入引③羅④𤙖⑤佉⑥左⑦呵⑧(八字軌)

oṃ① āḥ② vī③ ra④ hūṃ⑤ kha⑥ ca⑦ raḥ⑧

阿①尾②囉③吽④佉⑤左⑥嗠⑦曇⑧(大日如來劍印)

ā① vi② ra③ hūṃ④ kha⑤ ca⑥ raḥ⑦ dhaṃ⑧

◎藏傳文殊菩薩的咒語

嗡阿喇巴札那帝

ཨོཾ་ཨ་ར་པ་ཙ་ན་དྷཱིཿ

⊙文殊菩薩的相關名詞

【三世覺母】 文殊菩薩之異名，由於能出生智慧，故云覺母。文殊菩薩，司毗盧舍那之大智，爲三世諸佛成道之母。《心地觀經》稱之爲：「三世覺母妙吉祥。」《聖無動尊大威怒王祕密陀羅尼經》曰：「妙吉祥菩薩是三世覺母，故名文殊師利。」

【大聖曼殊室利童子】 指童形之文殊菩薩。

【妙吉祥】 文殊菩薩梵名之意譯。《大日經疏》一曰：「妙吉祥菩薩，妙者謂佛無上慧，猶如醍醐純淨第一。室利翻爲吉祥，即是具眾德義，或云妙德，亦云妙音也。」《心地觀經》八曰：「三世覺母妙吉祥。」

【文殊護身咒】 謂一字文殊法之真言也，以「齒𠯈」一字或「叱洛泗𤖼」四字合成一字者。

【曼殊室利】 梵名Mañjuśrī之音譯，又作曼殊尸利，即指文殊菩薩，《翻譯名義》中說，曼殊師利，此云妙德。《西域記》中則說：曼殊室利，唐言妙吉祥。

【龍種上尊王佛】　文殊菩薩之本地。《首楞嚴三昧經》下曰：「龍種上如來。」《心地觀經》曰：「龍種淨智尊王佛。」異名同體也。

【文殊】　Mañjuśrī 文殊師利之略稱。舊稱文殊師利，滿殊尸利，新稱曼殊室利。新舊有六譯。《無量壽經》、《涅槃經》曰妙德，《無行經》曰妙首，《觀察三昧經》、《大淨法門經》曰普首，《阿目佉經》、《普超經》曰濡首，《無量門微密經》、《金剛瓔珞經》曰敬首。已上爲舊譯。《大日經》曰妙吉祥。文殊或曼殊，是妙之義；師利或室利，是頭之義、德之義，吉祥之義也。此菩薩與普賢爲一對，常侍釋迦如來之左，而司智慧（普賢在右司理，但當以右智左理，今違之，一依勝劣之次第，二示理智融通之義也。）。此菩薩頂結五髻，以表大日如來之五智，手持劍，以表智慧之利劍，以師子爲座騎表智慧之威猛。此文殊有種種之差別，如一字文殊，五字文殊，六字文殊，八字文殊，一髻文殊，五髻文殊，八髻文殊，兒文殊等。此中以五字五髻文殊爲本體。

【文殊淨土】　《華嚴經》〈菩薩住處品〉曰：「東方有處名清涼山，從昔以來諸菩薩眾於中止住。現有菩薩文殊師利，與其眷屬諸菩薩眾一萬人俱。常在其中而演說法。」《寂調音所問經》曰：「東方去此過萬佛土，有世界名曰寶住，佛號寶相如來應供正遍知，今現在，文殊師利爲彼諸菩薩摩訶薩如應說法。」《文殊師利法寶藏陀羅尼經》曰：「爾時世尊告金剛密迹主菩薩言，我滅度後於此贍洲東北方有國名大振那，其國中有山號曰五頂，文殊師利童子行居止，爲諸眾生於中說法。」

【文殊三世果位】　文殊雖爲助釋迦牟尼佛之教化，一時現菩薩之因位，然三世皆爲果上之如來。過去稱爲龍種上佛，又名大身佛，神仙佛，現在號爲歡喜藏摩尼寶精佛，未來稱爲普見佛。

【文殊是七佛師】　謂智慧第一之文殊菩薩，過去曾爲七佛之師。七佛指：毗婆尸佛、尸棄佛、毗舍浮佛、拘留孫佛、拘那含牟尼佛、迦葉佛、釋迦牟尼佛。此事未見經典明載，然禪錄載之。《古尊宿語錄》二〈百丈懷海章〉中說：「文殊是七佛祖師，亦云是娑婆世界第一主首菩薩。」

【華嚴三聖】　文殊與普賢同爲釋迦佛兩脇，文殊爲左之侍者，三者共稱爲

「華嚴三聖」。淨名玄四曰，「文殊既是釋迦左面侍者，此土行最高。」《釋門正統》曰：「若以菩薩人輔。則文殊居左，普賢居右。」是由勝劣之次第，故文殊爲左（即上）普賢爲右（即下）也，若依知行、理智、定慧等法門時，則普賢當在左，文殊當左右。以文殊司諸佛之智德，普賢司諸佛之定慧也。

【文殊號法王子】　一切菩薩皆爲如來法王之子，而獨稱文殊者，乃因文殊爲佛左面之弟子，爲菩薩眾之上首的緣故。《法華文句記》曰：「問曰：經稱文殊爲法王子，其諸菩薩何人不是法王之子？答：有二義，一於王子中德推文殊，二諸經中文殊爲菩薩眾首。」

【文殊智慧】　小乘比丘，以舍利弗爲智慧第一，大乘菩薩，以文殊爲智慧第一，故有覺母之稱。

【文殊捉劍迫佛】　《大寶積經》一百五曰：「五百菩薩得宿命智，知多劫所作重罪。以憂悔故，不證無生法忍，時文殊知其念已，於大眾中偏袒右肩，手執利劍，直向世尊欲行逆害。佛言：『文殊汝勿害我，若必欲害，應善害，何以故？一切諸法如幻化，無我無人，爲誰殺而受殃？』是時諸菩薩知宿罪皆如幻化，得無生忍，異口同音說偈曰：『文殊大智人，深達法源底。自手握利劍，馳逼如來身。如劍佛亦爾，一相無有二。無相無所生，是中云何殺。』」

【文殊化龍女】 文殊入大海娑竭羅龍宮化八歲龍女。詣靈山，使龍女於大眾前成佛。此段因緣詳見《法華經》〈提婆達多品〉。

【文殊所乘師子與孔雀】 常見的文殊菩薩多以師子爲座騎，以表智慧之猛利，且文殊以所居清涼山有五百毒龍，爲降伏之故也。然也有不乘師子者，如胎曼荼羅中之兩尊文殊，皆坐白蓮臺。兒文殊亦不乘獅子。乘獅子爲〈八字儀軌〉之說也。乘獅子者，乃金剛界之文殊，坐白蓮者乃胎藏界之文殊也。然八字文殊法之本經，則以孔雀爲座騎。《文殊師利法寶藏陀羅尼經》曰：「其畫像作童子相貌，乘騎金色孔雀。」

【僧形文殊】 一般的菩薩多現在家相，而於釋迦牟尼的教法中，也有外現比丘之形與聲聞眾無異者，僧形文殊即爲一例。故我國諸寺中，或於僧堂、或戒壇、或食堂所安置的文殊之像皆爲僧形。

【兒文殊】 佛在世時，文殊生於梵德婆羅門家之形也。出於《文殊師利般涅槃經》日本傳教大師由唐攜回其本國，納於根本之經藏，日本修五字文殊法時用此像。

【一髻文殊】　尊形如五髻文殊。頭上唯有一髻，戴寶冠。三昧耶形爲寶珠，以師里爲種子。

【五髻文殊】　頂上結五髻，爲童子形。常云文殊之本體，爲此五髻文殊，其他之文殊以之爲本。五髻表五智五佛，童形取純真也，爲五字文殊法之本尊。五字即五髻，五髻即表五智五佛。以引阿字爲種子，密號吉祥金剛。

【八髻文殊】　八字文殊法之主尊也。頂上分八髻，以表八大童子或八佛。

【一字文殊法】　合「叱洛泗[illegible]」之四字成一字之言，而念誦之也。可爲求子而修之。曼殊師利菩薩咒藏中《一字咒王經》曰：「此之一字悉能成就一切事業，悉能圓滿所有善法。」本經除上經一卷（唐義淨譯）外，尚有《大方廣菩薩藏經》中〈文殊師利根本一字陀羅尼法〉，一卷，唐寶思惟譯，與上經同本異譯。《大陀羅尼末法》中一〈字經〉一卷，唐寶思惟譯，具畫像法及護摩法。

【五字文殊法】　即五髻文殊法也，五髻就尊形而名，五字就真言字數而名。五字為（阿）（羅）（跛）（捨）（那）其本經為《大聖曼殊室利童子五字瑜伽法》一卷，《五字陀羅尼頌》一卷。

【六字文殊法】 亦是依真言字數而名之。為「闇、婆、計、陀、那、摩」之六字，詳見《文殊師利菩薩六字咒功能法經》。

【八字文殊法】 也是以「唵、惡、尾、囉、吽、佉、佐、咯」八字為真言之文殊法也。此法為日本慈覺大師門徒最極之祕法。避天變怪異、日月蝕之災及兵陣之難修之。其本經為《文殊師利法寶藏陀羅尼經》一卷（一名《文殊師利菩薩八字三昧法》）。

【文殊八大童子】 指八髻文殊之使者，分別為：光網童子、地慧童子、無垢光童子、不思慧童子、召請童子、髻設尼童子、救設慧童子及鄔波髻設尼童子。

【文殊院】 指胎藏曼陀羅十三大院中之一院，以文殊為中尊，安二十五尊。

【文殊三昧】 為發無相妙慧之三昧也。此智慧為文殊菩薩所具，故名文殊三昧。

【文殊悔過】 文殊菩薩所說之懺海法也。佛在耆闍崛山說法，新學菩薩心中有疑，此時有如來齊光照燿菩薩，爲之請問文殊。文殊遂爲新學菩薩說懺悔、隨喜、請法、興供、迴向、發願之諸法，彼等皆得無生法忍，佛遙聞而讚嘆之。見《文殊悔過經》。

【千鉢文殊】 指具足五頂五智尊千臂千手千鉢千佛釋迦曼殊室利菩薩。略稱千臂千鉢曼殊室利菩薩。身上出千臂，每臂持鉢，故有此名。見《千臂千鉢大教王經》。

【五台山】 相傳爲文殊菩薩示現之靈山。爲中國山西省太原府五台縣附近名山，又稱清涼山。

【文殊過夏】 爲禪宗有名之公案。又稱文殊三處度夏，文殊三處安居。略稱文殊三處。在《圜悟錄》卷十七中說：「世尊於一處安居，至自恣日，文殊在會，迦葉問文殊何處安居？文殊云：『今夏三處安居。』迦葉於是集眾白槌，欲擯文殊。即見無量世界，一一界中有一一佛一一文殊一一迦葉，白槌欲擯文殊。世尊謂迦葉云：『汝今欲擯那箇文殊？』迦葉茫然。」

【文殊入門】 取自《文殊師利所說般若波羅蜜經》、《入法界體性經》等之公案。鐵笛倒吹一：「文殊一日在門外而立。世尊見之曰：『文殊文殊，何不入門來？』文殊曰：『我不見一法在門外，何以教我入門？』」

⊙文殊菩薩相關經典

1.【文殊師利發願經】一卷，東晉．佛陀跋陀羅譯，與〈普賢行願品〉中之偈文大略相同，爲五言偈頌。收於大正藏第十冊。

2.【文殊師利淨律經】一卷，西晉．竺法護譯。與《清淨毗尼方廣經》同本。寂順律音天子問，文殊師利答。收於大正藏第十四冊。

3.【文殊師利問菩提經】一卷，秦．羅什譯。佛初得道在伽耶山，入諸佛甚深三昧諦觀諸法之性相，文殊知之，問云何發心，佛答無發是發。次，月淨光德天子，與文殊問答菩提之義。收於大正藏第十四冊。

4.【文殊師利般涅槃經】一卷，西晉．聶道真譯。佛在祇園於後夜入定放光照文殊房，作諸化現，阿難集眾，跋陀婆羅問其始末。佛爲說文殊之生緣及觀文殊之法。收於大正藏第十四冊。

5.【文殊師利現寶藏經】　二卷，西晉·竺法護譯。《大方廣寶篋經》之異譯。收於大正藏第十四冊。

6.【文殊師利佛土嚴淨經】　二卷，西晉·竺法護譯。《大寶積經》第十五〈文殊師利授記會〉之別譯。收於大正藏第十一冊。

7.【文殊師利一百八名梵讚】　一卷，趙宋·法天譯。文殊師利讚一百八名之梵頌也。收於大正藏第二十冊。

9.【文殊滅淫慾我慢陀羅尼】　一卷，失譯。爲一髻一字文殊法之真言也。收於大正藏第二十冊。

9.【文殊師利根本儀軌經】　具名《大方廣菩薩藏文殊師利根本儀軌經》，二十卷，趙宋·天息災譯。略云《文殊儀軌》。收於大正藏第二十冊。

10.【文殊師利菩薩八字三昧法】　《文殊師利法寶藏陀羅尼經》之異名。收於大正藏第二十冊。

11.【文殊供養法】　《金剛頂瑜伽經》〈文殊師利菩薩儀軌供養法〉之略名。收於大正藏第二十冊。

12.【文殊般若經】有二譯：(1)梁．曼陀羅仙譯，題曰《文殊師利所說摩訶般若波羅蜜經》；(2)梁．僧伽波羅譯，題曰《文殊師利所說般若波羅蜜經》。收於大正藏第八冊。

13.【文殊悔過經】一卷，西晉．竺法護譯，文殊說悔過之法。收於大正藏第十四冊。

14.【文殊師利問經】二卷，梁．僧伽婆羅譯。有十七品，分別大乘之諸戒，悉曇之字母，佛滅後小乘二十部之分出等，屬大乘律藏。收於大正藏第十四冊。

15.【文殊尸利行經】一卷，隋．闍那崛多譯。文殊巡行諸比丘房，見舍利弗坐禪，後至佛前問難，顯示阿羅漢之義，五百比丘不忍，離座而去，文殊更說法要。收於大正藏第十四冊。

16.【文殊師利菩薩秘密心真言】《金剛頂超勝三昧經說文殊師利菩薩秘密心真言》之略名。收於大正藏第二十冊。

17.【文殊師利法寶藏陀羅尼經】一卷，唐．菩提流志譯。一名文殊師利菩薩八字三昧法，爲八字文殊法之本經也。收於大正藏第二十冊。

18.【文殊師利所說般若波羅蜜經】一卷，蕭梁．僧伽婆羅譯，大般若第七會之別譯。略云「文殊般若」。收於大正藏第八冊。

19.【文殊師利根本一字陀羅尼經】具名《大方廣菩薩藏文殊師利根本一字陀羅尼經》，一卷，唐．寶思惟譯，與義淨譯之《一字咒王經》同本，是一字文殊法之本經也。收於大正藏第二十冊。

20.【文殊師利菩薩六字咒功能法經】一卷，六字文殊法之本經也。收於大正藏第二十冊。

21.【文殊師利菩薩佛剎功德莊嚴經】《大聖文殊師利菩薩佛剎功德莊嚴經》之略名，不空譯。收於大正藏第十一冊。

22.【文殊師利所說不思議佛境界經】二卷，唐．菩提流支譯。《大寶積經》第三十五〈善德天子會〉之別譯。收於大正藏第十二冊。

23.【文殊師利所說摩訶般若波羅蜜經】二卷，梁．曼陀羅仙譯，與僧伽婆羅譯之《文殊師利所說般若波羅蜜經》同本先出，所謂「文殊般若」是也。

24.【文殊師利菩薩根本大教王經金翅鳥王品】一卷，唐．不空譯。佛在淨居天，金翅鳥王對文殊說真言密行。放於大正藏第二十一冊。

虛空藏菩薩

虛空藏菩薩具足無量無邊的福德智慧二種寶藏，誦此菩薩名號、咒語可增長記憶力，而其更有專為祈求智慧、聞持時所修的「求聞持法」傳世，可得憶持不忘之力，與人論議皆能得勝，智慧圓滿。

【特德】

虛空藏菩薩（梵名Ākāśa-garbha），又譯爲虛空孕菩薩。相傳此菩薩所具有的福德、智慧二種寶藏，無量無邊，猶如虛空，因此乃有此名。在密教中，此菩薩爲胎藏界曼荼羅虛空藏院的主尊，在釋迦院則爲釋迦牟尼佛右方的脇士，也是金剛界賢劫十六尊之一。

依《虛空藏菩薩神咒經》所載，世尊對此菩薩甚爲讚嘆，說其禪定如海，淨戒如山，智如虛空，精進如風，安忍如金剛，慧如恒沙。是諸佛法器，諸天眼目，人之正導，畜生所依、餓鬼所歸，在地獄救護眾生，是眾生的法器，三世諸佛的輔佐，應受一切眾生最勝供養，具一切智。可見此菩薩功德的殊勝。

在中國佛教界，「虛空藏菩薩呪」是佛教徒經常持誦的真言，一般多誦持此呪以增長記憶力，而其「求聞持法」，更是特別爲祈求智慧、聰明時所修。

八世紀時，虛空藏信仰傳入日本，僧侶間很盛行修「虛空藏求聞持法」以增長記憶力。日僧空海大師就曾經修行此法。而在民間，也普遍信仰虛空藏菩薩，以增進福德、智慧，消除災害。此菩薩在日本所受的信奉，較中國更爲熱烈。

在《虛空藏菩薩經》中敍述，往昔佛陀住佉羅底翅山時，虛空藏菩薩曾從西方一切香集依世界的勝華敷藏佛所，與十八億菩薩來到娑婆世界，並以其神力變娑婆世界爲淨土，令一切大眾兩手皆有如意摩尼珠，其珠放出大光明，遍照世界，並奏天樂，出種種寶。所以，若有眾生欲樂多聞、欲多誦習、欲求善巧、欲得巧言乃及欲求智慧，虛空藏菩薩皆能滿其所願；經中並說持念此菩薩名號及陀羅尼真言，可得憶持不忘的力量，並圓滿諸願。

具足無量福德、智慧的虛空藏菩薩

◎虛空藏菩薩的形像

依佛典所載，虛空藏菩薩對一切眾生很慈愍，常加以護持。如果有人至誠、如法禮拜過去三十五佛之後，再稱念大悲虛空藏菩薩名號，則此菩薩當會現身加以庇佑。依《觀虛空藏菩薩經》的描述，他的頂上有如意珠，作紫金色。若見如意珠，即見天冠。此天冠中有三十五佛像顯現，如意珠有十方佛像顯現。菩薩身長二十由旬，如果示現高大身，便與觀世音等同。

在胎藏曼荼羅虛空藏院中，此尊身呈肉色，頭戴五佛冠，右手屈臂持劍，劍有光焰，左手於腰側持蓮，蓮上有如意寶珠，坐寶蓮華。在釋迦院中則身呈肉色，右手執白拂，左手持蓮，蓮上有綠珠，披天衣，站立於一平敷的蓮座上。

◎虛空藏菩薩求智慧聞持法

依〈虛空藏菩薩能滿諸願最勝心陀羅尼求聞持法〉所載，有「能滿諸願虛空藏菩薩最勝心陀羅尼」曰：

手持智慧寶劍的虛空藏菩薩

南牟一 阿迦捨二 揭婆耶三 唵四 阿唎五 迦麼唎六 慕唎七 莎嚩呵八

修學此陀羅尼，常得一切諸佛菩薩所護念，乃至所生之處，虛空藏菩薩恒隨守護。若有求聞持者，據經文所載則可依以下之法門修持：

(1)當於絹素白氈或淨板上，先畫滿月，然後在滿月中畫虛空藏菩薩像，其量下至不減一肘，或復過此任其所辦，菩薩隨滿月之大小增減比例相稱。

菩薩身作金色，於寶蓮華上半跏而坐，以右腳壓左腳上，容顏殊妙，作熙怡喜悅之相貌。於寶冠上有五佛像，結加趺坐。菩薩左手執白蓮華，微作紅色，於華臺上有如意寶珠，呈吠琉璃色，並有黃光發焰；右手結與諸願印，五指垂下現掌向外，是與願印相。

(2)本尊像畫好後，當於空閑寂靜之處，或在淨室、塔廟、山頂、樹下隨在一處安置其像，面正向西，或容向北，並以淨物覆護在像上。此外，需作一方木曼荼羅，下至一肘過此亦任。其壇下安四足，或以編附，上面去地恰須四指。其板若用檀或沈來製作者最爲殊勝，如果無法以檀木或沈木爲材質，或以柏等有香之木爲之亦可。如法作已，置於像前。

(3)次應莊嚴具辦五種供具，所謂塗香、諸華、燒香、飲食、燈明。塗香者，磨白檀爲之；華則以隨時藥草所生者充之。若無時華，當以粳米，或燒蕎麥、或取橘柏等葉，或用丁香以充華用。燒香但以沈、檀、龍腦香隨機應用之。飲食應當除去薰穢之物，每須新淨。燈用牛酥油也可。當欲具辦此諸供物之時，必須於晨朝盥洗手、面，護淨如法。具辦足已，置在壇邊。

(4)然後出外，復以淨水重新洗手，洗手已，即作手印，掌承淨水，誦陀羅尼三遍，便即飲之。其手印相，先仰舒右手五指，屈其頭指（即食指）與大拇指相捻，狀如捻香，此是虛空藏菩薩如意寶珠成辦一切事印。復以此印如前承水，誦陀羅尼三遍，竟已，灑頂及身，即令內外一切清淨。

(5)次應往詣像所，至心禮拜，面向菩薩半跏趺而坐，舉去像上所覆之物。次即須作護身手印。其手印相，先舉右手，然後以頭指與大拇指相捻，狀若捻香，其頭指屈第二節，其第一節極令端直，方始印相。如法作此印已，置於頂上誦陀羅尼一遍，次置右肩復誦一遍，左肩、心、喉亦皆如是。作此護身法已，一切諸佛及虛空藏菩薩攝受此人，一切罪障即皆銷滅，身心清淨，福慧增長，一切諸魔及毗那夜迦皆不得便。

(6)復作前印，掌承淨水，誦陀羅尼一遍，灑於塗香等諸供養物，並壇及近壇之地，復如前作護身手印，置塗香上誦陀羅尼一遍，餘華香等乃至木壇，各皆如是。作此法已，華、香等物即便清淨。

(7)復作護身手印，右轉三匝，兼指上、下，但運其印身不動搖，誦陀羅尼七遍，隨其自心遠近分臍結十方界。

(8)次應閉目思惟，虛空藏菩薩真身即與此像平等無有差異。復用護身印作意，迎請虛空藏菩薩。誦陀羅尼二十五遍已，即舉大拇指向裏招一度，頭指（食指）如舊，復作此印，誦陀羅尼三遍，幃上蓮華以之爲座，復想菩薩來坐此蓮華座。即便開目見菩薩已，生希有心，作真身解。又誦三遍，手印如前，心中念言：「今者菩薩來至於此，是陀羅尼之力，非我所能，唯願尊者暫住於此。」

(9)次取塗香，誦陀羅尼一遍，用塗其壇。次復取華，亦誦一遍，布散壇上。燒香、飲食、燈明次第取之，皆誦一遍，手持供養，置在壇邊。復作念言：「一切諸佛菩薩福慧熏修所生，幡蓋清淨香華眾寶之具，悉皆嚴好。」復作手印，誦

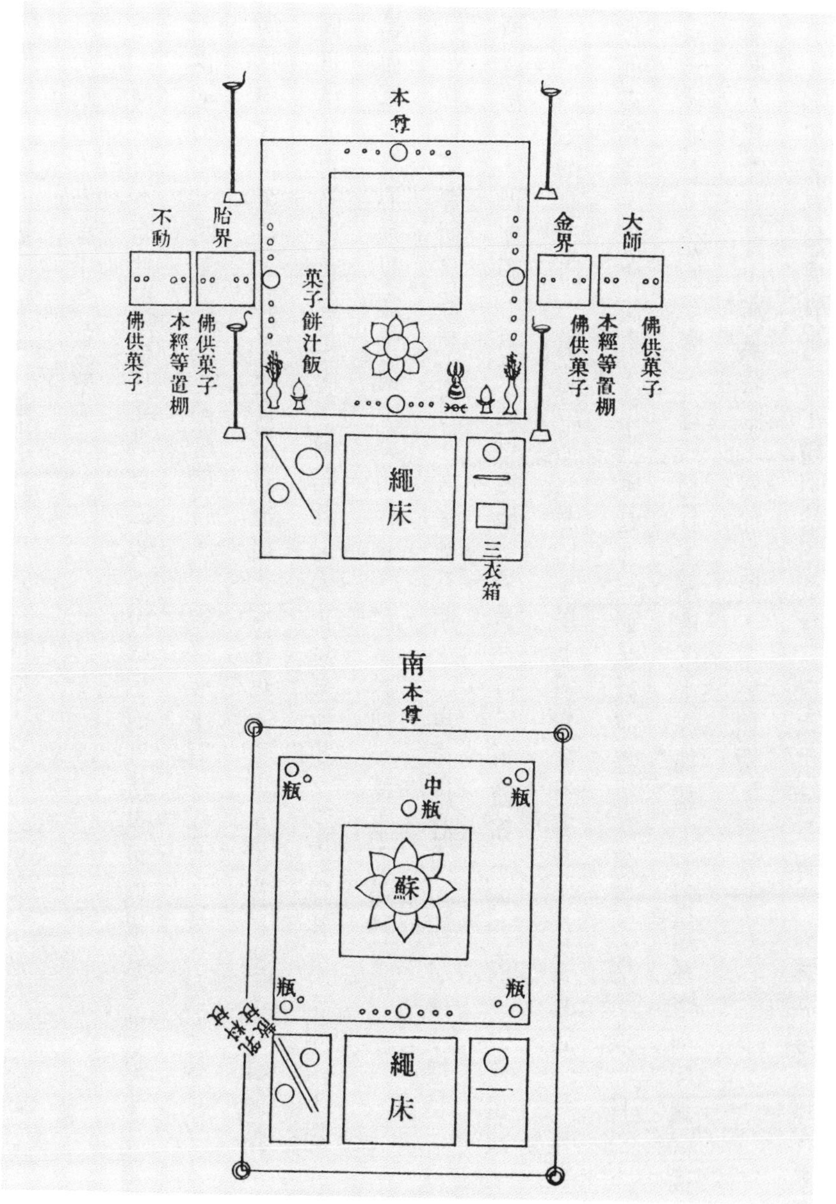
本尊
胎界
不動
佛供菓子
本經等置棚
佛供菓子
菓子餅汁飯
金界
大師
佛供菓子
本經等置棚
佛供菓子
繩床
三衣箱
南
本尊
中瓶
瓶
瓶
瓶
瓶
蘇
繩床

虛空藏求聞持法法壇

陀羅尼一遍，如前想念，諸供養物，悉得成辦，即持之供養一切如來及諸菩薩。如是觀想，供養中爲最勝者。

⑽如果不能具辦塗香等供養之物，用觀想的方法也可以成就。即以手印招珠，誦陀羅尼，明記遍數。誦時閉目，想菩薩心上有一滿月，然所誦陀羅尼字，現滿月中皆作金色，其字復從滿月流出，流注行人頂上，復從口出，入菩薩足，如同自己發言諮啟菩薩足下。誦陀羅尼未止息來所想之字巡環往來，相續不絕，如輪而轉。身心如果疲倦時，即須停止，至誠瞻仰，便坐而禮拜。

⑾再來要閉目觀想滿月、菩薩極爲明了，更運用心力，使令漸漸增長，乃至周遍法界，即廣觀；再來進行斂觀，於最後時，形體如本人一般，方才出觀。

⑿又作前手印，誦陀羅尼三遍已，舉大拇指發遣菩薩，作是念言：「唯願慈悲布施歡喜，後會法事，復垂降赴。」如是誦陀羅尼，隨其力能，或一日一上，或一日兩上，從始至終，每如初日，遍數多少亦如初上不得增減，前後通計滿百萬遍，其數乃終，亦無時限，然於中間，不容間闕。

⒀後於日蝕或月蝕時，隨力捨施飲食、財物供養三寶。即移菩薩及壇，於露

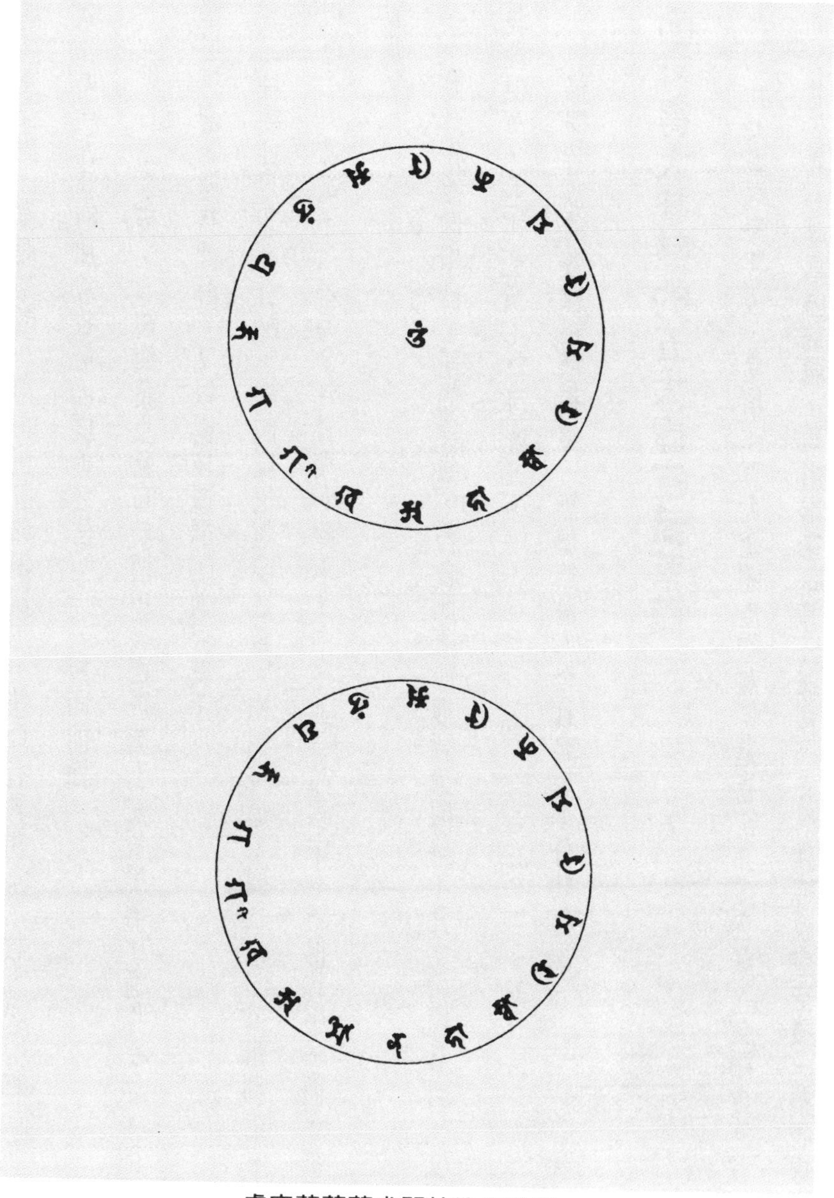

虛空藏菩薩求聞持法字輪觀

地淨處安置。復取牛酥一兩，盛貯熟銅器中，並取有乳樹葉七枚及枝一條，置於壇邊，華香等物加常數倍，供養之法，一一如同前面。

供養完畢後，取前樹葉重新布於壇中，復於葉上安置酥器，還作手印，誦陀羅尼三遍，護持此酥。又以樹枝攪酥，勿停其手。

目觀日月兼亦看酥，誦陀羅尼無限遍數。初蝕後退未圓已來，其酥即有三種相現：一者氣，二者煙，三者火。此下、中、上三品相中，隨得其中一種，法即成就。

獲得此種瑞相已，便成神藥，若食此藥即獲智慧聞持，凡文一經耳目，文章義理俱解，並牢記於心，永無遺忘。

修聞持法的各種福德利益，無量無邊，今且略說少分功德。

⊙可得大智慧的五大虛空藏菩薩

五大虛空藏菩薩，又稱作五大金剛虛空藏。是指法界虛空藏、金剛虛空藏、寶光虛空藏、蓮華虛空藏、業用虛空藏等五菩薩。又稱爲解脫虛空藏、福智虛空

五大虛空藏菩薩

藏、能滿虛空藏、施願虛空藏、無垢虛空藏；或稱爲智慧虛空藏、愛敬虛空藏、官位虛空藏、能滿虛空藏、福德虛空藏。是大日、阿閦、寶生、彌陀、釋迦五佛各住於如意寶珠三昧之義，五菩薩即五佛所變現，成就五智三昧而成立此五大菩薩。

五大虛空藏菩薩的形像，依《瑜伽瑜祇經》〈金剛吉祥大成就品〉所記載，於一大圓明中更畫五圓，中圓畫白色之法界虛空藏，左手執鈎，右手持寶；前圓（東）畫黃色之金剛虛空藏，左手執鈎，右手持寶金剛；右圓（南）畫青色之寶光虛空藏，左手執鈎，右手持三瓣寶，放大光明；後圓（西）畫赤色之蓮華虛空藏，左手執鈎，右手持大紅蓮華；左圓（北）畫黑紫色之業用虛空藏，左手執鈎，右手持寶金剛。此五尊分別以師子、象、馬、孔雀、迦樓羅鳥爲座騎。總印之印相爲外五鈷印，二中指作寶形，並在其餘四指之端觀想寶形。

據《五大虛空藏菩薩速疾大神驗祕式經》〈五大虛空藏菩薩成就悉地品〉所載，依法修持五大虛空藏法者，可得大智慧，一切所求悉皆成就。

在同經中的〈五大虛空藏菩薩成就悉地品〉中記載祈求大智慧法爲：

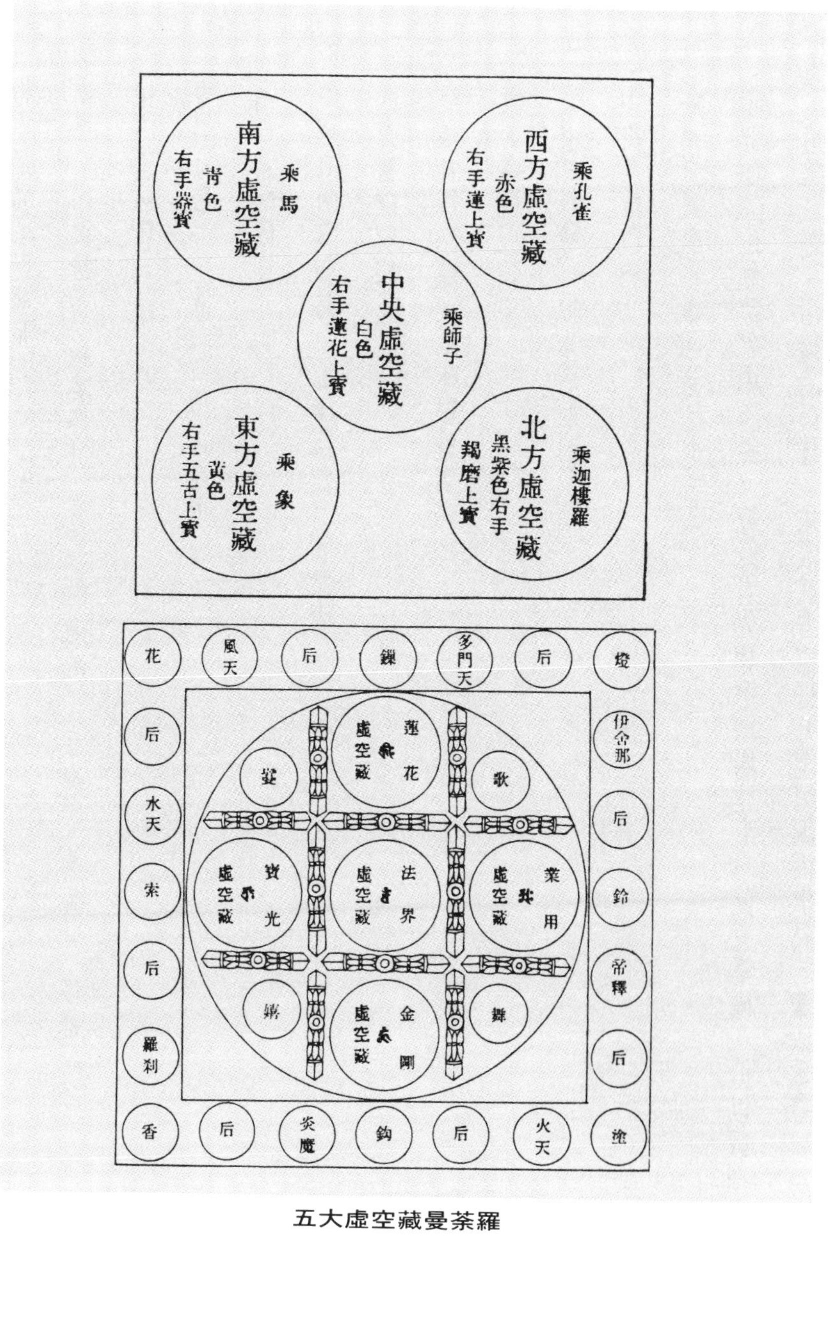
乘馬
南方虛空藏
青色
右手器寶
乘孔雀
西方虛空藏
赤色
右手蓮上寶
乘師子
中央虛空藏
白色
右手蓮花上寶
乘象
東方虛空藏
黃色
右手五古上寶
乘迦樓羅
北方虛空藏
黑紫色右手
羯磨上寶
花
風天
后
鏁
多門天
后
燈
伊舍那
后
鈴
帝釋
后
塗
火天
后
鉤
炎魔
后
香
羅刹
后
索
水天
后
蓮花虛空藏
寶光虛空藏
法界虛空藏
業用虛空藏
金剛虛空藏

五大虛空藏曼荼羅

根本最勝心陀羅尼曰：

南牟一 阿迦捨二 揭婆耶三 唵四 阿唎迦五 摩唎六 嘿唎七 莎嚩訶八

東方菩薩呪曰：

唵嚩日羅吽（欲求官位正命者）

南方菩薩呪曰：

唵嚩日羅曩怛洛（欲求富貴、智慧者）

西方菩薩呪曰：

唵嚩日羅紇哩（欲求敬愛者）

北方菩薩呪曰：

唵嚩日羅噁（欲求解脫息災者）

中央菩薩呪曰：

唵嚩日羅鑁（欲求遂一切意願者）

印契如《瑜伽經》中所說。修行者先相應壇場建立，隨意樂處。但以選擇寂靜處，遠離憒鬧、污穢處爲佳。求成就者需好好謹慎調備供具。奉置本尊盤（本尊盤造法詳見大正藏第二十卷六〇七頁），增上向，隨願誦滿晝夜三時根本明一百萬遍，即獲得大智慧，得人中第一極大安樂。若欲極一切大自在者，隨方調備供具護摩，一切所求皆悉成就。

經中又說，若人欲得大智慧者，以南方菩薩加毗沙門天祈之，必得之。欲得勝論議者，以南方菩薩加梵天，祈必令得之。

⊙虛空藏菩薩的種子字、真言

種子字：（trāḥ）或（trāṁ）或（oṁ）或（ā）或（ī）

【真言】

虛空藏求聞持法眞言

南牟① 阿迦捨② 揭婆耶③ 唵④ 摩哩⑤ 迦麼唎⑥ 慕唎⑦ 莎縛賀⑧

nama① ākāśa② garbhāya③ oṁ④ māli⑤ kamali⑥ ṃāuli⑦ svāhā⑧

歸命① 虛空② 藏③ 三身具足④ 華鬘⑤ 蓮華⑥ 冠⑦ 成就⑧

般若菩薩

修持般若菩薩法門，能證得般若波羅蜜圓滿智慧，而悟解世間、出世間之法，廣博通達菩薩之聲明、因明、醫方明、工巧明和內明等一切世間、出世間聰明、伎藝等五明。

【特德】

般若菩薩（梵名Prajnā-pāramitā），全稱般若波羅蜜多菩薩；意譯作以智慧渡於彼岸。爲十波羅蜜菩薩之一，乃千手觀音的眷屬。位於現圖胎藏界曼荼羅持明院之中央，或虛空藏院之內列南側。

胎藏曼荼羅持明院中的般若菩薩又稱般若佛母，密號大慧金剛，代表大日如來的正法輪身，是大日如來智慧的具體實踐象徵。《仁王般若經》之金剛波羅蜜多菩薩與此尊同體。

在持明院中的般若菩薩尊形爲三目六臂，頭戴寶冠，身呈肉色，披著甲冑。

般若佛母（持明院）

左第一手曲肘持梵篋當胸，次手仰掌置臍下，第三手仰掌屈食指，舒餘四指；右第一手持蓮華印，次手垂著膝上，舒展五指，作與願印（或說作施無畏印），第三手屈臂，豎掌，屈無名指，舒餘四指，端坐於赤蓮花上。其面上三目，分別代表佛部、蓮華部、金剛部之特德，而六臂表一身具足六波羅蜜。

此尊之種子字爲（jña），三昧耶形爲梵篋，印相爲梵篋印。

另於虛空藏院中亦列有一尊般若波羅蜜菩薩，又稱爲慧波羅蜜菩薩。全身呈肉色，右手置於腰側，持劍；左手豎掌，屈食指、中指，餘三指舒展。右膝微豎，於襤襠之上著一袈裟。種子字爲（pra）或（dhi），三昧耶形爲寶劍，表智慧之義，密號與印相皆同持明院之般若菩薩。

在藏傳佛教中，亦傳有般若佛母，藏傳般若佛母一般爲一面四臂。（藏名：ཤེས་རབ་ཀྱི་ཕ་རོལ་ཏུ་ཕྱིན་མ།，藏名音譯作謝喇既帕羅都親母），身面金黃色，一頭四臂，右第一手持金質九鈷金剛杵，左第一手執出生諸佛之般若金篋，下二手作定印於腰際，相好莊嚴，報身儀範，著天衣寶珞，金剛雙跏趺而坐。

般若波羅蜜多心經中之大明咒，即爲般若佛母之真言。表自度度他同到彼岸

般若波羅蜜菩薩（虛空藏院）

，斷煩惱障而證涅槃之一切智，斷所知障而知諸法之一切種智，令成就正覺也。

修持般若菩薩法門，能證得般若波羅蜜圓滿智慧，而悟解世間、出世間之法，廣博通達菩薩五明，即：聲明、因明、醫方明、工巧明和內明。並得到般若十六善神的擁護。

◎佛母般若波羅蜜多大明觀想法

若有欲修持般若菩薩法者，可依《佛說佛母般若波羅蜜多大明觀想儀軌》所載而修習。據載，佛母般若波羅蜜多大明咒爲：

那謨婆誐嚩帝一　阿哩也鉢囉倪也播囉彌多曳二　阿波哩彌多虞拏曳三　薄訖底嚩蹉邏曳四　薩哩嚩怛他誐多倪也那波哩布哩多曳五　薩埵嚩蹉邏曳六　怛寧頁他七

唵提八　率嚕底九　娑蜜哩底十　尾惹曳一十　莎賀二十

而此大明咒有大功德，最上、最勝不可思議。

又，依此觀想儀軌記載，此大明咒觀想法爲：

(1)諸修瑜伽行者，若欲觀想此大明字求悉地法，先當發起大菩提心。

(2)然後依法於自心上想淨月輪，於月輪中觀想提字，從臍輪轉於心而住。其字黃色，是即般若波羅蜜多菩薩根本心字。

(3)復想此字即成般若波羅蜜多菩薩。想此菩薩身真金色，有六臂。相好圓滿，種種莊嚴，頂戴寶冠。最上二手結說法印，其印以二手作合掌，二中指入掌內，指面相合。二大拇指及二頭指（食指）各各指面相捻，餘指不動成印。餘手持《般若波羅蜜多經》、優鉢羅華、爍吉帝等。

(4)又復諦想般若波羅蜜多大明，最上甚深，從無我生。由如是觀般若波羅蜜多無我生故，即一切法無我平等。以如是平等故，即從般若波羅蜜多，出生無邊諸文字相，文字相者攝一切相。

諸修瑜伽行者，若聞（唵引提引）二字，當於頂上而作觀想。

若聞（唵引詣引）二字，當於舌端而作觀想。

若聞（唵引[口*爾]仁齊切）二字，當於二耳輪而作觀想。

(5)復次，修瑜伽行者，若欲觀想此佛母般若波羅蜜多大明文字，應當諦誠於自心上觀想八葉大紅蓮華成曼拏羅。於八葉位分布觀想大明文字，是諸文字各於方位不相間雜。

於蓮華東葉位想安布（那謨引）二字；

於東南葉位想安布（婆誐嚩帝引）四字；

於南葉位想安布（阿哩也合二鉢囉合二倪也引二合播囉彌引多引曳）九字；

於西南葉位想安布（阿波哩彌多虞拏引曳引）八字；

於西葉位想安布（薄訖底合二嚩蹉邏引曳引）六字；

於西北葉位想安布（薩哩嚩合二怛他引誐多倪也引二合那波哩布哩多曳引）十四字；

於北葉位想安布（薩埵嚩蹉邏曳）六字；

於東北葉位想安布（怛鞞他）三字；

此八葉位次第想已，於蓮華中心當想安布（唵引提引）二字。

(6)復於蓮華內圍想分布八位：

於東位想（率嚕合二）一字；

東南位想（底）一字；

南位想（娑蜜哩）；

西南位想（底）一字；

西位想（尾）一字；

西北位想（惹）一字；

北位想（曳）一字；

東北位想（莎賀）二字。

如是觀想大明文字，各安布已，即當依法諦想文字真理法門，或復依法憶念持誦，於日三時依法布壇，持誦一百八遍，或一千八十遍，若一月或六月，乃至一年不間斷者，即得最上勝悉地法。又復若聞、若持、若誦者，是人當得聞持，具足證空三摩地，如是佛母般若波羅蜜多大明，最上甚深有大功德，修瑜伽者應依法如是觀想。

◉般若無盡藏印

《陀羅尼集經》中記載，以二大拇指各捻二小指甲上，平屈，二小指下節、中節相背博之。二中指、二無名指各相背博，直豎向上。各屈二頭指相背合，平中節背相著，與二小指相構令平，如高座上安置經藏，當心著之，當誦呪時，專想繫念一切經藏，皆從印出，悉入中，心呪曰：

那謨一　婆伽筏帝鉢羅惹波囉弭多曳二　唵三　利伊四　地伊五　室利六　輸嚧陀七　毗社曳八　莎訶九

◉般若菩薩的真言

智波羅蜜菩薩眞言

唵①　摩麼②　枳孃曩③　迦哩④　吽⑤　娑縛賀⑥

oṁ①　mama②　jñāna③　kari④　hūṁ⑤　svāhā⑥

歸命① 我② 智③ 作④ 吽（自在之義）⑤ 成就⑥

唵① 地② 室哩③ 輸嚕多④ 尾惹曳⑤ 娑嚩賀⑥（持明院、虛空藏院）

oṃ① dhī② śrī-③ śrūta④ vijaye⑤ svāhā⑥

歸命① 種子② 吉祥③ 聞④ 殊勝⑤ 成就⑥

藏傳般若佛母真言

爹雅他 唵嘎得 嘎得 巴喇 嘎得 巴喇桑嘎得 菩提 梭哈

ཏདྱཐཱ། ཨོཾ་ག་ཏེ་ག་ཏེ་པཱ་ར་ག་ཏེ་པཱ་ར་སཾ་ག་ཏེ་བོ་དྷི་སྭཱ་ཧཱ།

普賢菩薩

普賢菩薩具足廣大不可思議行願與智慧，常以甚深般若妙智教示眾生，若有修其法者，見其身者，皆能聞持不忘，成就世間、出世間一切智慧。

【特德】

普賢菩薩（梵名 Samantabhadra），譯爲三曼多跋陀羅，又寫作三滿多跋捺羅、三曼陀颰陀、或是邲輸颰陀。義譯作遍吉，意爲具足無量行願，普示現於一切佛刹的菩薩，代表一切菩薩行德本體，故佛教徒常尊稱其爲大行普賢菩薩，以彰顯其特德。普賢菩薩與文殊菩薩同爲釋迦牟尼佛的兩大脇士，三者並稱爲「華嚴三聖」。

《大日經疏》卷一中提到普賢名號的意義：普是遍一切處義，賢是最妙善義。也就是說普賢菩薩依菩提心所起願行，及身、口、意悉皆平等，遍一切處，純一妙善，具備眾德，所以名爲普賢。

普賢菩薩

在密教是以普賢表示菩提心，認爲他與金剛手、金剛薩埵、一切義成就菩薩同體。列於金、胎兩部曼荼羅中。

普賢菩薩在華嚴大會之上，曾宣說十大願王：一者禮敬諸佛，二者稱讚如來，三者廣修供養，四者懺悔業障，五者隨喜功德，六者請轉法輪，七者請佛住世，八者常隨佛學，九者恆順眾生，十者普皆迴向，來開示菩薩的發心。此十大願王又稱爲普賢願海，代表一切菩薩的行願，所以菩薩發心修行，又稱爲入普賢願海。

⊙普賢菩薩的十種智慧

普賢雖是代表一切諸佛的理德與定德，與文殊的智德、證德相對，文殊駕獅、普賢乘象，表示理智相即、行證相應，然依種種經軌記載，此尊具足甚深廣大不可思議智慧，常以甚深般若智慧教示眾生，若有修其法者，見其身者，皆能聞持不忘，成就世出世間一切智地。

例如，依據《華嚴經》〈普賢行品〉記載，普賢菩薩曾於華嚴大會上，教導

能使眾生成就一切智地的普賢菩薩

諸菩薩大眾，應勤修十種法。所謂：心不棄捨一切眾生，於諸菩薩生如來想，永不誹謗一切佛法，知諸國土無有窮盡，於菩薩行深生信樂，不捨平等虛空法界菩提之心，觀察菩提入如來力，精勤修習無礙辯才，教化眾生無有疲厭，住一切世界心無所著。

若有菩薩摩訶薩住此十法已，則能具足十種廣大智慧。即所謂：知一切眾生心行的智慧，了知一切眾生業報的智慧，了知一切佛法的智慧，了知一切佛法深密理趣的智慧，了知一切真言陀羅尼門的智慧，了知一切文字辯才的智慧，了知一切眾生語言、音聲、言辭才辯的善巧智慧，於一切世界中普現其身的智慧，於一切大眾聚會中普現影像的智慧，於一切受生之處具一切智智。

而在《華嚴經》〈入法界品〉中也記載，當善財童子前去參訪普賢菩薩時，因爲見到普賢菩薩示現無量不可思議的大神通力，即得證十種智慧波羅蜜。也就是所謂：於念念中，悉能周遍一切佛剎智波羅蜜；於念念中，悉能前往一切佛所智波羅蜜；於念念中，悉能供養一切如來智波羅蜜；於念念中，普於一切諸如來所聞法受持智波羅蜜，於念念中，思惟一切如來法輪智波羅蜜；於念念中，了知一切諸佛不可思議大神通事智波羅蜜；於念念中，說一句法盡未來際辯才無盡智波羅蜜；於念念中，以甚深般若觀察一切法智波羅蜜；於念念中，入一切法界實相海智波羅蜜；於念念中，了知一切眾生心智波羅蜜；於念念中，普賢慧行皆現在前智波羅蜜等十種智波羅蜜。

而普賢菩薩對於持誦《法華經》的行者也特別守護，在《法華經》〈普賢菩薩勸發品〉說，普賢菩薩爲護持、供養法華經法，若有受持《法華經》者，皆能得到普賢菩薩乘六牙白象與大菩薩眾現前守護，行者若於《法華經》有所忘失一句一偈，普賢菩薩並當教尊之，與之共同讀誦，還令通利，行者因見菩薩身故，即得三昧及陀羅尼。

◉普賢菩薩得聞持不忘、速疾開悟法門

依《覺禪鈔》中記載，如果能如法誦持「見普賢菩薩咒」，可以得到聞持不忘，迅速開悟。其修法爲：

見普賢菩薩咒：

那謨阿唎耶三曼陀跋達囉夜一　菩提薩埵耶二　摩訶薩埵耶三　跢姪他四　頞囉荼五　羯囉荼六　阿羅荼七　羯羅荼八　莎訶九

經中並說：「此陀羅尼晝三、夜三六時至心誦念不忘，悉皆消滅五逆重罪。又法，從白月八日起首，專心誦呪至十五日，日三時誦呪，三種白食杭米乳粥餅乳酪等，其十五日一日一夜，總不須食，日日香湯清淨洗浴，著新淨衣，在閑靜處作壇場，十二肘或作九肘，除酒肉五辛蔥蒜，自餘上妙餅食及菓子等設供養，竪幢竿子，懸五色幡蓋，又以種種時、非時華遍散壇中，燒沈水香、薰陸旃檀香供養，呪師面向東坐，駁駁誦呪，至夜半時，聖者普賢菩薩若來現身，爾時得禪定三昧，寂靜山居，得聞持不忘，身體輕便，亦見伏藏，所求修道方便，疾得開悟。」

另於《普賢行願讚》中，有「速疾滿普賢行願陀羅尼」曰：

曩麼悉底哩也四合　地尾二合　迦引　南一　怛佗引　孽哆南二　唵引三　阿引　戍嚩囉尾擬彌娑嚩二合引　訶引四

每日誦普賢菩薩行願讚後，即誦此真言。纔誦一遍，普賢行願悉皆圓滿，修三摩地人速得三昧現前，圓滿福德、智慧二種莊嚴，獲堅固法速疾成就。

再者，《佛說觀普賢菩薩行法經》中記載，如果有眾生依法懺悔，能得旋陀羅尼，以得陀羅尼的緣故，於諸佛菩薩所說妙法，憶持不失。

而於《普賢菩薩陀羅尼經》中，普賢菩薩說陀羅尼：

怛儞也(合二)他(引)唵(引)曩謨(引)曩摩娑怛嚩(合二)部嚩儞(引)濕嚩(合二)囉摩賀(引)部(引)誐(引)野阿三摩三摩
阿彌哆娑摩阿難陀娑摩誐誐曩娑摩怛里(合二)婆嚩娑摩(引)尾(引)沙娑摩波囉摩(引)囉他(合二)娑摩
娑嚩(合二)波(引)嚩娑摩怛他(引)誐哆娑摩阿囉惹娑摩輸弟娑摩沒馱娑摩達里摩(合二)怛他(引)誐哆(引)
娑摩僧賀尾沙摩娑摩噎迦曩野娑(引)誐囉尾輸馱(引)路(引)迦呬呬羅沒馱(合二)羅沒馱(合二)尾惹野
尾惹野暗(引)鉢囉(合二)設訖哆(合二)曩野(引)曩野憾唧囉(引)地瑟吒(合二)曩三部(引)誐暗娑曩(引)羅野(引)羅野
達里摩(合二引)誐囉(合二)馱囉馱囉惹野惹野吽吽馱摩馱摩娑嚩(合二引)賀(引)

此大陀羅尼，是一切如來圓滿大功德海，能出生菩提智種，成就一切智地，而諸佛法皆不能及。此大陀羅尼名號，假使百千那由他俱胝劫，亦難得聞。

◉普賢菩薩的形像

在金剛界曼荼羅中，普賢菩薩爲賢劫十六尊之一，安置於北方四菩薩中的最下位。在微細會中是左拳安置腰前，右手執利劍。在供養會中是以兩手執蓮花，舉胸前，蓮花上有利劍。降三世羯磨會的形像與供養會大致相同，只是利劍周圍有火焰。

另外，在胎藏曼荼羅中，位列中台八葉院及文殊院中。在中台八葉院者坐東南方的蓮花，身白肉色，戴五佛寶冠，左手執蓮花，蓮上安置火焰圍繞的利劍。

在文殊院者則位於文殊的右後方，左手執青蓮花，蓮上安置三股杵。

另於《觀普賢菩薩行法經》中則描述其尊形與座騎說：「普賢菩薩身量無邊，音聲無邊，色像無邊；欲來此國，入自在神通，促身令小，閻浮提人三障重故，以智慧力化乘白象。其象六牙，七支跓地，其七支下生七蓮華。象色鮮白，白中上者，頗梨雪山不得爲比。」

⊙普賢菩薩的種子字、真言

種子字：𑖮𑖳𑖽（hūṃ）或𑖀𑖾（aḥ）或𑖀𑖽（aṃ）或𑖎（ka）

【真言】

根本印（三昧耶印）

三昧耶① 薩怛鑁②

𑖭𑖦𑖧① 𑖭𑖝𑖿𑖪𑖽②

samaya① satvaṃ②

平等① 薩怛鑁（生佛不二之種子）②

支分生印

南摩① 三曼多勃馱喃② 暗③ 噁④ 莎訶⑤

𑖡𑖦𑖾① 𑖭𑖦𑖡𑖿𑖝𑖤𑖲𑖟𑖿𑖠𑖯𑖡𑖯𑖽② 𑖀𑖽③ 𑖀𑖾④ 𑖭𑖿𑖪𑖯𑖮𑖯⑤

namaḥ① samanta-buddhānāṃ② aṃ③ aḥ④ svāhā⑤

歸命① 普遍諸佛② 暗（種子）③ 噁（種子）④ 成就⑤

普賢如意珠印

南麼① 三曼多勃馱喃② 三麼多奴揭多③ 吠囉闍④ 達摩涅闍多⑤ 摩訶摩訶⑥ 莎訶⑦

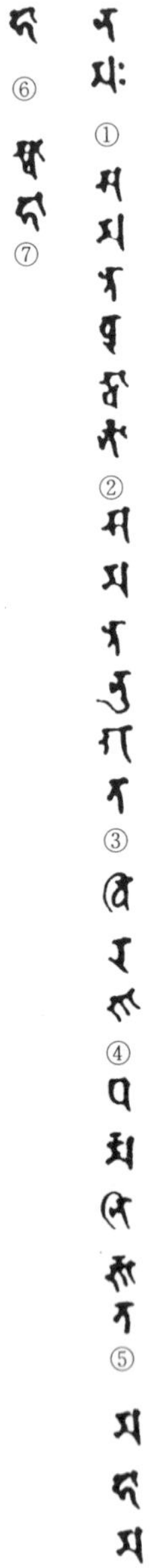

namaḥ① samanta-buddhānāṁ② samantānugata③ viraja④ dhar-
manirjata⑤ mahā mahā⑥ svāhā⑦

歸命① 普遍諸佛② 平等至③ 無塵垢④ 法生⑤ 大大⑥ 成就⑦

聖觀音

【特德】

持誦聖觀音菩薩的真言，能得大聰明、聞言不忘，增長記憶，並能獲考試順利、得大官位。

聖觀音（梵名Avalokiteśvara），梵名音譯爲阿縛盧枳多濕伐羅，又稱作正觀音、大聖觀自在、大悲聖者、大精進觀世自在等名。即是一般所說的觀自在菩薩。在大乘佛教中，觀音菩薩是最爲人所熟知的菩薩，他以大悲顯現，以拔除一切有情苦難爲其本願，循聲救苦，不稍停息。《法華經》〈普門品〉說：「若有無量百千萬億眾生受諸苦惱，聞是觀世音菩薩，一心稱名，觀世音菩薩即時觀其音聲，皆得解脫。」可見其法門的廣大，與悲願的弘深。

觀世音菩薩以大悲救度爲主要的德行，但是蘊藏於大悲之後的，乃是無邊的大智，所以在中國佛教界廣爲流行的《般若心經》，即是由觀世音菩薩所宣說，所謂：「觀自在菩薩，行深般若波羅蜜多時，照見五蘊皆空，度一切苦厄。」即可略窺其甚深般若妙行。

觀世音菩薩是無限的慈悲心與般若正智，圓融無二的具體表現，他無刹不應的示現，也使其成爲與我們娑婆世界眾生最爲相契的菩薩。俗語說：「家家阿彌陀，戶戶觀世音」，正是這種現象的最佳寫照。

據經典記載，觀世音菩薩早已成究竟覺，佛號「正法明如來」，但是，爲了濟度一切眾生，所以倒駕慈航，示現菩薩之身。《千手千眼大悲心陀羅尼經》中說：「觀世音菩薩，不可思議威神之力；已於過去無量劫中，已作佛竟，號正法明如來。大悲願力，安樂眾生故，現作菩薩。」而當時釋迦牟尼佛在其座下爲苦行弟子，由此亦可見佛法的平等無二。又據《悲華經》記載，將來西方極樂世界阿彌陀佛涅槃之後，爲其兩大脇士之一的觀世音菩薩將補佛處，名爲遍出一切光明功德山王如來，其淨土名爲一切珍寶所成就世界，比起現在的極樂世界，更莊嚴微妙。由此可見觀世音菩薩不可思議的廣大方便力。

聖觀音

⊙觀世音菩薩求聞持強記，得聰明智慧法門

在《阿唎多羅陀羅尼阿嚕力經》中記載，當佛陀在悉羅跋城給孤獨園說法時，觀自在菩薩，爲了利益一切有情的緣故，而宣說如是祕密法藏：

唵阿嚕力迦娑嚩訶

此真言是一切蓮花部諸尊之心。

經中並記載持誦觀世音菩薩所說真言，能得大聰明：「若每日晨朝於我（觀音）像前。作曼荼羅散種種花，誦八千遍，復不與人語更誦多少，漸爲強記，若依此法能滿六月，即大聰明，凡所聞言皆領不忘。」

又說：「又於我（觀音）前作曼荼羅，如牛皮（法師云大小如牛皮）或方或圓，二肘、三肘作之，然牛酥燈八盞，每一萬遍及至一月，每日如前不與人語，一月已，即讀佛大乘經得成不忘，極大聰明，仍見觀自在，恆聞說法。」

又說：「又恆起悲心，以檀香磨塗一圓壇如荷葉，乃至一落叉，一一壇前誦三千五百遍，如是已讀大乘經，即得聰明智慧，心所欲誦多少皆得自在。又不語

《般若心經》的宣講者觀自在菩薩

，於本尊前誦三十五萬遍，即得聰明最上最勝。」

經中並說持誦此咒能得官位，據載，以蓮花、三甜護摩一萬，能得大官。又說，於此像前（三尊像）燃千盞燈，用千蓮華，千佝勿馱花，更取水中生花，隨得一類，五百莖已上，是三色花各加持八百遍，供養其像，即得如上。

因此，如果有準備高普考或公職考試的朋友，都可以持誦此真言。

⊙禮拜觀音庇蔭子孫，除病中進士

明朝吳郡有位徐明甫，平日好學篤行，教子讀書，素來供奉觀音大士，禮敬非常虔誠。其子名鑛，十餘歲時忽然得了重病，命在旦夕，因此，徐氏夫妻於觀音大士前晨夕叩禱，至第七日，夜間夢到菩薩告訴他：「不必憂心你的孩子，他明日就可起身了。」此時忽然聽聞有聲震桌上，徐氏驚醒而起，看見供奉在大士几前的菓碟諸器具等，皆墜落在地，然一一檢視後發覺無一損害者。忽聽聞其子口中喃喃微聲叫喚：「菩薩救我！菩薩救我！」徐氏前去問他，孩子也不應答，待天明後詢問其緣故，其子說：「昨夜夜半我正昏憒悶絕間，見大士至臥榻間呼我：『我來救你。』乃以水一甌，命我飲之，這水冰涼徹骨，於是我便舉體流汗，備感清。」不數日，其子病果然得癒。年長之後，於萬曆丙辰年中進士。

⊙保護觀音聖像，庇蔭子孫考試登第

明朝萬曆年間，有嘉興人氏名包憑字信之，父為池陽郡守。其雖博學高才，卻屢次赴試皆落第不中。

包憑平日信持觀音經，一日，東過泖湖至一佛寺，見寺殿後方傾圮，任由觀音大士像露天而立，遭日曬雨淋。因此，包憑即取十金予贈寺中住持，請其修葺，然寺僧告以此事工程浩大，銀錢太少不能成辦。於是包憑又取出布四匹、新衣七件交給住持，充作修葺費用。其中有幾件衣服乃新裁製，因此，僕從勸包憑應留下新衣，勿布施給寺方。然而包憑說：「只要聖像安然無恙，我包憑雖裸體又何妨？」僧人聞言不覺感動垂淚：「施捨銀兩及衣布並非難事，但施主只此一點誠心，難能可貴！」

待佛寺修復後，包憑夜間夢見伽藍護法神告訴他：「菩薩賜你子孫，享世間福祿。」之後，包憑果然生了一子，名爲忭，又有孫檉芳，相繼考試皆登第。

◉聖觀音的形像

聖觀音在胎藏曼荼羅觀音院（蓮花部院）的形象是：左手持未開敷的蓮華，右手作欲打開蓮華姿勢，代表以大悲功德，解開眾生的無始無明。蓮華，代表一切眾生本來自性清淨，但蓮華未開，正代表眾生爲無明所覆蓋，顛倒迷惑。而在金剛界內，則稱爲金剛法菩薩，尊形與上同。

除此之外，在中臺八葉院西南方的觀自在菩薩，是頂戴寶冠，上有無量壽如來，右手豎拳執開敷蓮花，左手則豎掌向外作施無畏印。此尊三昧耶形爲開敷蓮華或法住印，印相爲蓮華合掌。

在釋迦院的觀自在菩薩是右手持白拂（或赤拂），左拳叉腰。在文殊院的觀自在是右手仰上當臍，左手豎掌屈食、中指，執開蓮華。其三昧耶形爲白拂或未開敷蓮華，印相則爲八葉蓮華印。

在《阿娑縛抄》卷八十三中引《集經》云：「一切觀世音菩薩像，通身白色，結跏趺坐，百寶莊嚴，蓮花座上，頭戴七寶莊嚴冠。而有重光。其花冠中有立化佛，其花冠後作籢光，其光之內總作赤色，其像皆倚七寶繡枕，其像左手屈臂當心，又屈中指向上直豎，右手屈臂向左手上，屈頭指與大指相捻，而拄左手中指之上。其像頸有寶珠瓔珞，左右臂腕各寶釧，又以寶花莊白褻絡膊，身著花莊白褻之裙，腰作青色赤裏，又以寶編繫其腰上。」

另於《覺禪鈔》中，也引用《授記經》描述：「繪觀自菩薩，坐蓮華上，身淺紅色，嚴飾瓔珞，髮戴寶冠化佛，左帶白神索，左手執蓮華，右手置頂上，呈敬禮姿勢，種種瓔珞莊嚴其身，呈微笑貌。」，這是坐像形態。又同書也記載有執杖像：「觀自在菩薩大悲聖者，從東方來，手持杖，自著白服，以寶瓔珞莊嚴，以黑鹿皮交絡右膊，髮戴寶冠。」更有手持拂子念珠像：「以虎皮爲裙，現忿怒形，執拂子與念珠，頂髻戴無量壽佛，肅然具三目，著蓮華色衣，愍念諸有情。」而《阿娑縛抄》則描述觀音右手持白拂，左手執蓮華。

在這些形象之外，還有很多不同的持物、印相，代表菩薩大悲濟眾之方便。

⊙聖觀音的種子字、真言：

種子字：𑖭（sa）或𑖮𑖿𑖨𑖱𑖾（hrīḥ）

【真言】

唵① 阿嚕力迦② 莎訶③

𑖌𑖼① 𑖀𑖩𑖺𑖩𑖰𑖎② 𑖭𑖿𑖪𑖯𑖮𑖯③

oṃ① alolika② svāhā③

歸命① 無染著者② 成就③

南麼① 三曼多② 勃馱喃③ 薩婆怛他蘖多④ 阿縛路吉多⑤ 羯嚕儜⑥ 末耶⑦ 囉囉囉⑧ 吽⑨ 闍⑩

𑖡𑖦𑖾① 𑖭𑖦𑖡𑖿𑖝② 𑖤𑖲𑖟𑖿𑖠𑖯𑖡𑖯𑖽③ 𑖭𑖨𑖿𑖪𑖝𑖞𑖯𑖐𑖝④ 𑖀𑖪𑖩𑖺𑖎𑖰𑖝⑤ 𑖎𑖨𑖲𑖜⑥ ⑦ 𑖨𑖨𑖨⑧ 𑖮𑖳𑖽⑨ 𑖕𑖾⑩

namaḥ① samanta② buddhānāṃ③ sarva-tathāgata④ avalo-kita⑤

karuṇa⑥ maya⑦ ra-ra-ra⑧ huṃ⑨ jaḥ⑩

歸命① 普遍② 諸佛③ 一切如來④ 觀⑤ 悲⑥ 體⑦ 三垢也⑧ 解脫⑨ 從緣生法⑩

千手觀音

千手觀音具足無量大悲、智慧及利益眾生的方便，能觀察一切眾生智慧根機，其寶鏡手、寶印手能滿足眾生希求智慧多聞的祈願。

【特德】

千手觀音（梵名 Avalokitesvara-sahasrabhuja-lo-cana），又稱作千手聖觀自在、千臂觀音、千光觀自在、千手千眼觀自在、千手千眼觀世音、千眼千臂觀世音，或稱千眼千首千足千舌千臂觀自在。其具有千手、千眼，而一手掌上各有一眼。

觀音菩薩化現爲具足千手千眼的因緣爲何呢？在《大悲心陀羅尼經》中記載

，無量億劫前有千光王靜住如來出世，因爲憫念一切眾生，所以宣說廣大圓滿無礙大悲心陀羅尼，當時，觀世音菩薩一聞此呪，就從初地直超第八地菩薩境界，心得歡喜，所以發心身生出千手千眼，以利益安樂一切眾生的廣大誓願，並應時身上具足千手千眼。

千手觀音是胎藏界蓮華部果德之尊，故稱蓮華王。

在《千光眼觀自在菩薩秘密法經》中說：「大悲觀自在，具有足百千手，其眼亦復然，作世間父母，能施眾生願。」這裏的「千」，是代表無量、圓滿之義。也就是「千手」象徵著此觀音大悲利他的方便，無量廣大，「千眼」象徵他應物化導時，觀察機根的智慧圓滿無礙。

⊙祈求智慧多聞的千手觀音

千手觀音的造像，並不一定要具足千臂，一般只要具四十臂即可，以四十手各濟度二十五種存有眾生，即合爲千手。在《大悲心陀羅尼經》說，四十手所持之物或所作的印相爲：如意珠、羂索、寶鉢、寶劍、跋折羅、金剛杵、施無畏、

千手觀音

日精摩尼、月精摩尼、寶弓、寶箭、楊枝、白拂、胡瓶、傍牌、斧鉞、玉環、白蓮華、青蓮華、寶鏡、紫蓮華、寶篋、五色雲、軍持、紅蓮華、寶戟、寶螺、髑髏杖、數珠、寶鐸、寶印、俱尸鐵鉤、錫杖、合掌、化佛、化宮殿、寶經、不退金輪、頂上化佛、蒲萄。

這四十隻手中，有特別針對祈求智慧、多聞的印相、持物及真言。據《覺禪鈔》第四十三（千手抄）及經軌中所述，有關智慧、聞持的各手其作用與修法爲：

經中說，若爲榮官益職者，當於寶弓手。亦即如果於本尊前置一弓並誦呪，則可成就榮官。

寶弓手真言爲：唵引阿左尾嚇薩嚩賀

如果爲求大智慧，當於寶鏡手。寶鏡代表大圓鏡智，行者如果以圓鏡置本尊前，誦大悲呪，對所聽聞之正法，能悟入甚深義理，因鏡中能顯諸色像，故於一切智慧無不分明。

寶鏡手真言爲：唵引尾薩普囉那囉葛叉嚩日囉二合曼茶攞吽泮吒

藏傳千手觀音像

如果要求語辭巧妙，辯才無礙，則於寶印手。寶印，是般若寶也，代表諸佛祕密語印也，修之即得口業辯才，如果行者造寶印，於尊前誦大悲呪，於一切口業得成就。

寶印手真言爲：：唵(引)嚩日囉(合二)儜擔惹曳薩嚩(合二)賀

如果要求多聞廣學，應於寶經手。寶經，是指般若經，是智慧中的智慧也，象徵觀音妙觀察智，而一切如來智慧，即是般若也。以此經安放於本尊前供養，能得廣大多聞廣學，深入千光眼經心要，持般若理趣經，最上祕密。

寶經手真言爲：：唵(引)阿賀囉薩囉嚩尾儞野馱囉布儞帝薩嚩(合二)賀

⊙千手觀音的形像

千手觀音在各種經軌中有各種不同的形像。

根據《千眼千臂觀世音菩薩陀羅尼神呪經》卷上、《千手千眼觀世音菩薩姥陀羅尼身經》所說，是身作檀金色，一面千臂。

在《千光眼觀自在祕密法經》則描述，其身是黃金色，於紅蓮華上半跏趺坐，有十一面四十手。十一面中，當前三面作菩薩相，本面有三目，右邊三面作白牙向上相，左邊三面是忿怒相，當後一面為暴笑相，頂上一面作如來相。

而依《攝無礙經》中所說，是身金色，千臂千眼，有五百面。

據《世尊聖者千眼千首千足千舌千臂觀自在菩提薩埵怛嚩廣大圓滿無礙大悲心陀羅尼》所說，則為千眼、千頭、千足、千舌、千臂之相。

在現圖胎藏曼荼羅中此尊則有二十七面千臂，結跏趺坐於寶蓮華上。千手中，有四十手（或四十二手）各持器杖，或作印相，其餘各手不持器杖。

其中，千手觀音的「十一面」代表滿足十地十波羅蜜的菩薩境界，而證得第十一地的妙覺位，與十一面觀音相同。「五百面」即相應於千臂千眼之意。

有說二十七面表示濟度二十五種存有眾生的二十五面，加上本面與本師阿彌陀佛共二十七面。

有關千手觀音「千臂」的說法，依據《千光眼觀自在菩薩祕密法經》所說，「千手」表示四十手各濟度三界二十五種存有眾生（即一種存有配上四十手、四十眼），合為千手千眼。

此外，在《千手千眼觀世音菩薩姥陀羅尼身經》則說千手觀音造像有十八臂：「面有三眼，臂有千手，於千手掌各有一眼，首戴寶冠，冠有化佛。其正大手有十八臂，先以二手當心合掌，一手把金剛杵，一手把二戟叉，一手把梵夾，一手把寶印，一手把錫杖，一手掌寶珠，一手把寶輪，一手把開敷蓮華，一手把羂索，一手把楊枝，一手把數珠，一手把澡罐，一手施出甘露，一手施出種種寶雨，施之無畏，又以二手當臍，右押左仰掌，其餘九百八十二手，皆於手中各執種種器杖等印，或單結手印。」

◎千手觀音的種子字、真言

種子字：𑖮𑖿𑖨𑖱𑖾（hrīḥ）或𑖭（sa）

【真言】

唵① 縛日羅② 達磨③ 紇哩④

𑖌𑖼① 𑖪𑖕𑖿𑖨② 𑖠𑖨𑖿𑖦③ 𑖮𑖿𑖨𑖱𑖾④

oṃ① vajra② dharma③ hrīḥ④

歸命① 金剛② 法③ 紇哩（種子）④

（關於彰顯千手觀音內證功德的根本咒——大悲咒，請參閱佛教小百科第九冊《佛教的真言咒語》第三篇）

準提觀音

【特德】 修持準提法能得聰明、智慧，去除睡眠、昏沈，凡所聽聞皆能受持不忘，是中國與日本普遍崇仰的本尊。

準提觀音（梵名Cundī），又作準提、准胝、準提菩薩、准提佛母、佛母準提、尊那（Sunda）佛母、七俱胝佛母等。準提觀音爲六觀音之一，以救度人間眾生爲主。其根本咒語準提咒效驗無比，普爲顯密佛教徒所共知。

準提意譯作清淨，是護持佛法，並能爲眾生延壽護命的大菩薩。準提觀音又稱「七俱胝佛母」（梵名Sapta-koṭi-buddha-mātṛ），這是出自《七俱胝佛母准提大明陀羅尼經》，但是「準提佛母」的說法主要是來自七俱胝佛母，是三世諸佛之母的意思，又稱爲三界母或世母（世間的母親）。

在胎藏曼荼羅中，七俱胝佛母位列遍知院，爲蓮華部之母，司生蓮華部諸尊功德之德，故稱佛母尊。

日本台密以準提爲佛部之尊，東密則以準提爲六觀音之一。在中國與日本，準提菩薩都受到普遍的崇仰，是一位感應極大，對眾生無限關懷的偉大菩薩。

在《七俱胝佛母所說准提陀羅尼經》中記載，佛陀宣說準提咒的因緣，是因爲愍念未來福報淺薄、惡業深重的眾生，而入於準提三摩地，宣說此過去七俱胝佛所說陀羅尼。

在《佛說大乘莊嚴寶王經》卷第四中，則是在世尊宣說六字大明咒的因緣下，有七十七俱胝如來共來宣說此陀羅尼，經中說：「而於是時，有七十七俱胝如來應正等覺皆來集會，彼諸如來同說陀羅尼（中略）。於是七十七俱胝如來應正等覺說此陀羅尼時，彼觀自在菩薩身有一毛孔名日光明，是中有無數百千萬俱胝那庾多菩薩。」

效驗無比的準提觀音

⊙準提觀音求智慧法

修持準提觀音的法門，可以獲得聰明、智慧、多聞。在《七俱胝佛母所說准提陀羅尼經》中說扇底迦法（息災法）：「若欲求息災、除一切鬼神，及聰明、長命、求解脫者，即於道場中面向北交腳豎膝而坐，衣服、飲食、香、花、燈、燭地等，並用白色，從月一日至八日，日三時念誦及護摩等法。若念誦時，先誦根本陀羅尼三七遍已，然後但從唵字誦之妙言曰：**唵左隸祖隸准提與彼某甲除災難莎縛訶**」

又說有布瑟置迦法（增益法），可求命官、策伏藏，富饒聰惠，聞持不忘，藥法成就。或作師子、象、馬類，以真言加持，三相現，隨上、中、下，所求獲果如蘇悉地廣說……求二種資量圓滿，速成無上菩提，是名增益法。本尊黃色，真言如前今某甲**布瑟微**二合**矩嚕莎縛訶**

在準提觀音的儀軌中，並提到修此尊可去除睡眠昏沈的咒語：

吉帝伊帝彌帝毗伽肥羶帝波陀莎賀

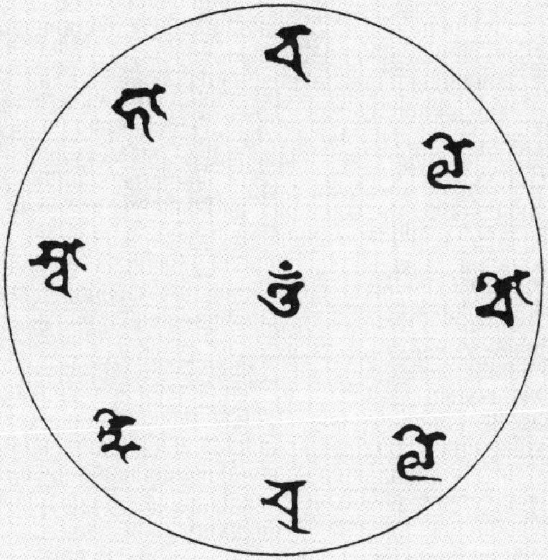

準提咒輪

此咒每天可誦一〇八遍，即可去除睡眠昏沈，並能博聞強記。

在《覺禪鈔》卷五十二中並引經說修準提法可獲聰明之事：「若欲求聰明，取石菖蒲、牛黃各半兩，擣作末，以酥和，於佛前作曼荼羅，念誦五千遍，服之即得聰明。經云聰明呪曰：

寐帝寐帝憂帝憂帝憂陀帝娑呵

各誦一萬返，聰明不可思議。」

⊙準提觀音的形像

準提觀音的圖像，有二臂、四臂……乃至八十四臂等九種。不過，一般所供奉的準提圖像，以十八臂三目之造型居多。

在十八臂之中，各臂或結印，或持劍、持數珠、金剛杵等物。此造型往往被誤以爲是千手觀音，但千手觀音通常都是十一面或二十七面四十臂（加上合掌、定印之二手則爲四十二臂），而且各手所持的物品也與準提觀音不同，可由此加以區別。

依據《七俱胝佛母所說准提陀羅尼經》記載，準提佛母身呈黃白色，結跏趺坐於蓮花上，身佩圓光，著輕縠衣，上下皆爲白色，有天衣、角絡、瓔珞、頭冠等莊嚴，十八臂皆著螺釧，面有三目。上二手作說法相，右第二手作施無畏，第三手執劍，第四手持寶鬘，第五手掌上置俱緣果，第六手持鉞斧，第七手執鉤，第八手執金剛杵，第九手羂索，第六手持輪，第七手商佉，第八手賢瓶，第九手掌上置般若梵篋。

《阿娑縛抄》所舉爲八臂像：立像頂上安置化佛，二手合掌，左第二手蓮華如左。

西藏所傳的準提觀音有四臂像，結跏趺坐於蓮花上，左右第一手安於膝上持鉢，右第二手下垂作施無畏印，左第二手屈於胸前，執蓮花，花上安置一梵篋。

錫蘭所傳的準提觀音銅像爲四臂像，頂戴結定印之化佛，左第一手安於臍前，第二手持寶珠；右第一手執獨鈷杵，第二手上舉，大拇指與無名指相捻。乳部豐滿，表佛母之相。

爪哇的婆羅浮圖（Borobudur）壁面浮彫中，則可見四臂及六臂像。

根據《大明陀羅尼經》記載之準提求願觀想法，每個人可依所求不同，來觀想二臂、六臂、八臂、或八十四臂之準提觀音：「若求不二法門者，應觀二臂。若求四無量，當觀四臂。若求六通，當觀六臂。若求八聖道，當觀八臂。若求十波羅蜜圓滿十地者，應觀十臂。若求如來普遍廣地者，當觀十二臂。若求十八不共法者，應觀十八臂，即如畫像法觀也。若求三十二相，當觀三十二臂。若求八萬四千法門者，應觀八十四臂。」

另此尊尚存有布字法傳世。修準提法較特別的是需立一鏡壇，即一般所說的准提鏡，此鏡壇即是本尊壇，可隨身配戴亦可供於佛壇。

以準提菩薩爲本尊之修法，稱爲準提法、準提獨部法，修此法有去除災障、祈求聰明、博聞強記等功用。

⊙準提觀音的種子字、真言

種子字：（bu）

【真言】

根本眞言

南無① 颯哆喃三藐三勃陀俱胝南② 怛姪他③ 唵④ 折隷⑤ 主棣⑥ 准提⑦ 莎訶⑧

𑖡𑖦𑖾① 𑖭𑖢𑖿𑖝𑖡𑖯𑖽𑖭𑖦𑖿𑖧𑖎𑖿𑖬𑖽𑖤𑖲𑖟𑖿𑖠𑖎𑖺𑖘𑖰𑖡𑖯𑖽② 𑖝𑖟𑖿𑖧𑖞𑖯③ 𑖌𑖼④ 𑖓𑖩𑖸⑤ 𑖓𑖲𑖩𑖸⑥ 𑖫𑖲𑖡𑖿𑖠𑖸⑦ 𑖭𑖿𑖪𑖯𑖮𑖯⑧

namaḥ① saptānaṁ-samyaksambuddha-koṭīnāṁ② tadyatā③ oṁ④ cale⑤ cule⑥ śundhe⑦ svāhā⑧

歸命① 七千萬正等覺② 即說③ 唵④ 覺動⑤ 起昇⑥ 清淨⑦ 成就⑧

第二根本印

唵① 迦麼黎② 尾麼黎③ 准泥④ 娑嚩賀⑤

𑖌𑖼① 𑖎𑖦𑖩𑖸② 𑖪𑖰𑖦𑖩𑖸③ 𑖫𑖲𑖡𑖿𑖠𑖸④ 𑖭𑖿𑖪𑖯𑖮𑖯⑤

oṁ① kamale② vimale③ sundhe④ svāhā⑤

歸命① 蓮華② 無垢③ 清淨④ 成就⑤

不空羂索觀音

【特德】

修持不空羂索觀音法門，能得文詞、智慧，能對治失念、記憶不佳，得辯才無礙，能滿足眾生所有願求。

不空羂索觀音（梵名 Amogha-pāśa），梵名音譯爲阿謨伽皤捨，amogha 意爲不空，pāśa 則爲羂索之意。全稱爲不空羂索觀音菩薩；又稱不空王觀世音菩薩、不空廣大明王觀世音菩薩、不空悉地王觀世音菩薩、不空羂索菩薩。

不空羂索觀音一名中的「不空」（Amogha），是指心願不空之意。「羂索」（pāśa）原指古代印度在戰爭或狩獵時，捕捉人、馬的繩索。以「不空羂索」爲名，是象徵觀世音菩薩以慈悲的羂索，救度化導眾生，其心願不會落空的意思。而其亦以羂索爲三昧耶形。

在《不空羂索神變真言經》說，過去第九十一劫最後劫，觀世音菩薩於世間

不空羂索觀音

自在王如來處，學得不空羂索心王母陀羅尼。並於初得此陀羅尼時，即證得十百千不空無惑智莊嚴首三摩地門，由此真言之力，現見十方無量無數種種刹土諸佛如來所有會眾，而皆供養聽聞深法，輾轉教化無量有情，皆得發趣無上菩提。

觀世音菩薩即常以該真言教法，化導無量百千眾生。因此，當觀世音菩薩示現化身，以此法救度眾生時，便稱爲不空羂索觀音。

所以，此尊觀音的形像，雖然有一面八臂或三面六臂等多種，但多手持羂索，有懾伏眾生的意思。而其正真的寓意，則是誓願宏深的廣大慈悲。

在《覺禪鈔》卷五十一中說，修持不空羂索法可以對治失念、記憶不佳：「含香處，恆常如法含香者，大辯才天密神通隱入舌端，辯無礙，先所忘失，令憶知。」

其中又說修此法可得智惠、辯說無礙：「牛黃若以藥蜜丸，丸如豆等，每日誦密言加持藥，初日一丸，二日二丸，三日三丸，乃至七日七丸爲度，服滿百日，文詞智惠辯說無礙，聲相和雅，如緊那羅、迦陵頻伽之聲，其聲深隱，令眾樂聞。」

不空羂索觀音

⊙不空羂索觀音的形像

不空羂索觀音的尊形有多種不同形像，依《不空羂索神變真言經》所說，其尊形一面四臂，面目熙怡，首戴寶冠，寶冠有化佛，四臂中一手揚掌，餘三手分別執蓮華、羂索、三叉戟。

同經亦列有三面六臂像，說其正面熙怡，左面顰眉怒目張口，上出獠牙，右面顰眉怒目合口。首戴寶冠，冠有化佛；各手執蓮華、羂索、三叉戟；一手施無畏，一手舉掌，結跏趺坐，安坐於蓮華上。

此菩薩在胎藏曼荼羅觀音院內，形相爲三面四臂，每面皆有三目，正面肉色、右面青色、左面黑色，表三德之意。左第一手持蓮華，第二手攜羂索，右第一手持念珠，第二手執軍持，並披有鹿皮袈裟。

另外有一面三目十八臂、一面四臂（或三十二臂）、三面二臂（或四臂、六臂、十臂、十八臂）等等。

在《阿娑縛抄》卷九十一中，記載此尊形像如下：「畫不空羂索十一面觀世音菩薩，身真金色，三十二臂，正面熙怡，眉間一目，左面大自在天面，右那羅延天面，左焰魔王面，右水天面，左俱癈羅天面，嚬眉怒目，狗牙上出，右日天面面狀赤黃，左月天面面狀白黃，各戴天冠，冠有化佛，作摩頂相。那羅延天頭、水天頭兩間，風天半身，貫飾天眼，自在天頭、焰魔王頭兩間，火天半身，貫飾天服，三十二手輪，結諸印，執器杖。」

而日本的弘法大師以興福寺的不空羂索觀音爲本尊，修行不空羂索法，靈驗異常，于今仍受人仰崇，此尊造像爲：「三目八臂，冠中有立化佛，於眉間白毫上豎有一目，左右二手合掌當胸，左次手持蓮花，次手於膝脛上持羂索，第四手作與願印。右第二手持錫杖，第三手於跏上持白拂，第四手作與願印，垂諸指仰掌，左右相對作同印，不持物，不著袈裟著鹿皮。」而此一面三目八臂像亦是最普遍常見的形象。

經典中又記載：「不空羂索神呪王從南方來，乘空而行，威光日光，曜如百千電，一切珍寶莊嚴其身，面有三目，現瞋怒相，口牙上出，髮如火焰，其色靉靆，猶如夏雲，有四臂，一手執劍，一手執索，所執劍索有火焰光，被赤衣服，鼻中氣出如盛火焰，遍滿虛空明耀。一切手足皆以真金、金剛末尼及吠瑠璃而莊嚴之，以大龍王爲瓔珞。」

依經典所載，凡是如法受持不空羂索心王母陀羅尼的人，現世可得無病、富饒、無橫災、一切諸天常守護、俱四無量心等二十種功德，臨終也可得無諸病痛、觀音蒞臨勸導，隨願往生諸佛淨剎，蓮華化生，常見諸佛，恆不退轉等八種利益，甚至於有護國佑民、防止天災地變等功德。而修其法更可增長記憶，獲得辯才無礙。

⊙不空羂索觀音的種子字、真言

種子字：𑖦𑖺（mo）或𑖭（sa）或𑖮𑖳𑖽（hūṃ）

【真言】

蓮華羂索

唵① 阿謨伽② 破娜摩③ 播捨④ 矩嚕馱⑤ 羯囉灑野⑥ 鉢囉吠捨野⑦ 摩訶跛輸跛底⑧ 焰麼⑨ 嚩嚕拏⑩ 矩吠囉⑪ 沒囉憾麼⑫ 吠灑馱囉⑬ 跛那麼矩

攞⑭ 三麼琰⑮ 吽吽⑯

𑖌𑖽① 𑖀𑖦𑖺𑖑② 𑖢𑖟𑖿𑖦③ 𑖢𑖯𑖫④ 𑖎𑖿𑖨𑖺𑖠⑤ 𑖎𑖨𑖿𑖬𑖧⑥ 𑖢𑖿𑖨𑖪𑖸𑖫𑖧⑦ 𑖦
𑖮𑖯𑖢𑖫𑖲𑖢𑖝𑖰⑧ 𑖧𑖦⑨ 𑖪𑖨𑖲𑖜⑩ 𑖎𑖲𑖪𑖸𑖨⑪ 𑖤𑖿𑖨𑖮𑖿𑖦⑫ 𑖪𑖸𑖬𑖠𑖨⑬ 𑖢𑖟𑖿𑖦𑖎𑖲𑖩⑭
𑖭𑖦𑖧𑖽⑮ 𑖮𑖳𑖽𑖮𑖳𑖽⑯

oṁ① amogha② padma③ pāśa④ kodhā⑤ karṣaya⑥ praveśaya⑦
mahā-pacupati⑧ yama⑨ varuṇa⑩ kuvera⑪ brahma⑫ veṣa-dhara⑬
padmakula⑭ sanataṁ⑮ hūṁ hūṁ⑯

歸命① 不空② 蓮華③ 羂索④ 忿怒⑤ 作業⑥ 遍入⑦ 大獸主⑧ 焰魔（
神名）⑨ 水天⑩ 矩吠囉（神名）⑪ 梵天⑫ 持被衣⑬ 蓮華部⑭ 平等⑮ 吽吽
（種子）⑯

隨作事成就眞言

唵① 阿慕伽② 毗闍耶③ 鈝泮吒④

𑖌𑖽① 𑖀𑖦𑖺𑖑② 𑖪𑖰𑖕𑖧③ 𑖮𑖳𑖽𑖣𑖘④

oṁ① amogha② vijaya③ hūṁ phaṭ④

歸命① 不空② 最勝③ 滿願破壞④

如意輪觀音

如意輪觀音，能賜予衆生無盡的智慧、聰敏與財富，滿足一切衆生所願，宛若如意寶珠。

【特德】

如意輪觀音（梵名Cintāmaṇi-cakra），梵名音譯爲振多摩尼。其尊名中的cintā是思惟、所望、願望的意思，maṇi爲寶珠之義，cakra可譯作圓、或輪。因此意譯爲所願寶珠輪或如意珠輪，而自古以來多譯作如意輪、如意輪王。

此菩薩入於「如意寶珠三昧」，可以如意地出生無數珍寶，常轉法輪，攝化有情，如願授與智慧、富貴、財產、勢力、威德等而名之。

全稱爲如意輪觀世音菩薩，又稱作如意輪菩薩、如意輪王菩薩。

滿足眾生一切願求的如意輪觀音

如意輪觀音一手持如意寶珠，象徵能生世間與出世間的二種財寶，以布施眾生，令眾生生出福德；一手持金輪，象徵能轉動無上妙法以度眾生，使眾生出生無邊智慧。

此尊之陀羅尼有大威神力，能滿足有情眾生的一切勝願。依《如意輪陀羅尼經》所說，過去世時，觀世音菩薩曾得到世尊的加持，而宣說如意輪陀羅尼。修持如意輪陀羅尼及如意輪觀音之法，能使心願成就，具足富貴資財、勢力威德與智慧、聰敏。此外，並能具足福德，智慧勝解、資糧莊嚴，悲心增長，濟度有情，並得眾人愛敬。

在《覺禪鈔》卷四十九中，記載修持如意輪觀音之法能得聰明之事：「行者每日辰時，取柳木，呪滿八百嚼之，不久一月或三月，開心得聰明。」

⊙如意輪觀音的形像

如意輪觀音形像的造型有多種，有二臂、四臂、六臂、八臂、十臂、十二臂等不同示現，其中以六臂最爲常見。

能出生智慧之德的如意輪觀音

最常見的六臂像在《觀自在菩薩如意輪瑜伽》中記載：「六臂身金色，皆想於自身，頂髻寶莊嚴，冠坐自在王（彌陀），住於說法相。第一手思惟，愍念有情故。第二持（如）意寶，能滿一切願。第三持念珠，爲度傍生苦。左按光明山，成就無傾動。第二持蓮手，能淨諸非法。第三契輪手，能轉無上法。六臂廣博體，能遊於六道，以大悲方便，斷諸有情苦。」此外，也有作頭上戴寶冠，冠上安置化佛，左第一手開寶華，第二手金色盤，第三手開紅蓮；右第一手跋折羅（金剛杵），第二手降魔印，第三手向臍下，於寶蓮上結跏趺坐，又頭上兩邊有天女呈散花之姿的造形。

另外，還有將此六臂與六觀音並配於六道的說法：右第一思惟手，配聖觀音，救濟地獄道受苦眾生；第二如意寶珠手，配千手觀音，救度餓鬼道饑饉苦；第三念珠手，配馬頭觀音，度畜生道鞭撻苦。左第一光明山手，配十一面觀音，救阿修羅鬥爭苦；第二蓮華手，配準提觀音，教化人道；第三金剛手，配如意輪觀音，破天道之有。

由於如意輪觀音，歷代以來甚受崇敬，自古以來南海諸國也有眾多信仰者，因此有不少造像留存，如敦煌千佛洞即有六臂如意輪觀音之繪像，另於錫蘭、爪哇、日本等國亦存有此菩薩之各種造像。

以如意輪觀音爲本尊，爲福德增起、意願滿足、諸罪滅滅、諸苦拔濟等動機所修之法，稱爲如意輪觀音法，或如意寶珠法。又由於如意輪觀音，能成就眾生一切願求，自然也能使眾生冀求智慧、聰敏的心願得到圓滿。

⊙如意輪觀音的種子字、真言

種子字：（hrīḥ）

【真言】

中咒

唵① 跛娜麼② 振多麼呢③ 入嚩攞④ 吽⑤

oṃ① padma② cintā-maṇi③ jvala④ hūṃ⑤

歸命① 蓮華② 如意寶珠③ 光明④ 吽（摧破之義）⑤

馬頭明王

修馬頭明王法門可迅速集聚智慧、福德，凡有議論皆能得勝。其能以大威力日輪，照破一切黑暗無明，噉食無明煩惱，使眾生入於廣大智海。

【特德】

馬頭明王（梵名 Hayagrīva），梵名音譯作賀野紇哩縛、阿耶揭唎婆、何耶揭唎婆，意譯爲大力持明王。此尊爲八大明王之一，是密教胎藏界三部明王中，蓮華部的忿怒持明王。位於胎藏現圖曼荼羅觀音院內，又稱爲馬頭大士、馬頭觀音、馬頭金剛明王，俗稱馬頭尊。密號爲噉食金剛、迅速金剛，與《摩訶止觀》中所説六觀音的師子無畏觀音相配，在六道中是畜生道的救護主。

馬頭明王以觀音菩薩爲自性身，示現大忿怒形，置馬頭於頂，爲觀世音菩薩的變化身之一。因爲慈悲心重，所以摧滅一切魔障，能以大威日輪照破眾生的黑

能使人論議得勝的馬頭明王

暗無明，噉食眾生的無明煩惱。

在《聖賀野紇哩縛大威怒王立成大神驗供養念誦儀軌法品》說，馬頭明王由於大慈大悲本願深重的緣故，化導一切眾生勝於其他諸尊。由於大慈故，不執著生死，由於大悲故，不住於涅槃。常住於無明諸境界中，斷盡種種諸惡趣，滅盡六道四生生、老、病、死之苦，又能噉食滅盡一切諸苦，羸弱飢餓之馬食草，一心之外。更無他念。因此本願力的緣故，於十方剎土無不現身。」

若纔憶念此威怒馬頭明王，能使一切作障難者，皆悉斷壞，一切障者不敢親近，常當遠離。是修行者所住之處四十里內，無有魔事及一切鬼神等，與諸大菩薩共同止住。

同品中又說，賀野紇哩縛（馬頭觀音）能摧伏一切魔障，以慈悲方便，示現大忿怒形，成大威力日輪，照曜無邊世界，照破修行者暗瞑，速得悉地，能流沃甘露水，洗滌眾生含藏識中，熏習雜之種子，迅速積集福德智慧，獲得圓滿清淨法身。

由上可知此尊之廣大功德與深重大願，能使眾生迅速集聚福德智慧，以此菩

一面二臂馬頭明王

薩爲本尊，爲祈禱調伏惡人、眾病息除、怨敵退散、議論得勝而修之法，稱馬頭法。其三昧耶形爲白馬頭，印相爲馬頭印。

⊙馬頭明王議論得勝法

依據《陀羅尼集經》卷六記載，馬頭法心印咒爲：

以二手食指以下四指向外相叉，指頭各博著手背，合掌，並二大拇指相著，各屈一節，勿著食指，大拇指來去。呪曰：

唵一 阿蜜唎都知二合婆去音婆平音二 嗚抪吽三 莎去音訶四

是法印呪，若欲與人論議時，取牛黃、麝香、龍腦香三味和研，呪千八遍，點著頂上及二膊上、心、喉、眉間、髮際、腦後。又取白芥子，呪三七遍，以右手把至論議所門邊散之，而在左手中仍留少許，正論議時，以右手取左手芥子，向論議人私密散已，便即彈指，即得勝他。

《覺禪鈔》卷四十六也引經軌說：又有法，若欲論議時，當作前四肘壇而供養者，皆得勝上，不被他難。

觀音院中的馬頭明王

⊙馬頭明王的形像

馬頭明王的尊形有一面二臂、一面四臂、三面二臂、三面八臂、四面八臂等多種不同形像。其中一面二臂者，二臂或合掌或結施無畏印。《覺禪鈔》引《不空羂索經》說其左手執鉞斧，右手執蓮華。然亦有左手執蓮，右手握棒或左手結施無畏印，右手執蓮者。

在胎藏曼荼羅觀音院中此尊呈三面二臂，通身赤色，三面三目，作忿怒形，上齒咬下唇，兩牙上出。頭有金線冠，無冠繒，二端屈曲飛颺，著耳環，環有金珠子，額有坐化佛，頂上白馬頭出現。兩手合掌，屈食指甲相合，其無名指外叉。被天衣、無臂釧，著青珠鬘，腰帶左端自脛上外出垂，著腳環，豎右膝。

依此像，唐·一行在《大日經疏》中進一步說，其身有黃有赤，如日初出之色。以白蓮華瓔珞等莊嚴其身。光焰猛威，赫奕如鬘，指甲長利，出雙牙上，首髮如師子項毛，極呈吼怒狀。此爲蓮華部之忿怒持明王。猶如轉輪王之寶馬，巡履四洲，一切時一切所，滌除一切雜念，諸菩薩大精進力又如斯。得如此猛威之

乘著水牛的馬頭明王

勢，生死重障中不顧身命，所以摧伏處處業障，正爲白淨大悲心，所以用白蓮瓔珞飾其身。

在《大聖妙吉祥菩薩秘密八字陀羅尼修行曼荼羅次第儀軌法》則述有三面八臂像爲：東北角繪馬頭明王。面有三面，八臂執諸器杖。左上手執蓮華，一手握瓶，一手執杖當心。以二手結印契。右上手執鉞斧，一手持數珠，一手執索。輪王坐蓮華中，呈大忿怒相，現極惡猛利之勢。

在《何耶揭唎婆像法》中有四面二臂之造像：中菩薩面極令端正，作慈悲顏，顏色亦白，頭髮純青。左邊一面作大瞋怒黑色之面，狗牙上出，頭髮微豎如火焰色。右邊一面作大笑顏，赤白端正菩薩面，頭髮純青。三面頭上各戴天冠及著耳璫。其天冠上有一化佛結跏趺坐，中面頂上作碧馬頭，仍令合口。左手屈臂當乳前把紅蓮花，其華臺上作一化佛，著緋袈裟，結跏趺坐，項背有光。右手仰掌擎真陀摩尼（如意寶），其珠團圓，如作白色，赤色光炎圍繞其珠。於其右手正當珠下，雨種種寶。端身正立紅蓮華上。

另於《大神驗供養念誦儀軌法品》卷下也有作四面八臂乘水牛像，據此品所載，當可鑄作一金剛威怒王像，隨意大小。其像形現四面八臂，四口每出現上下利牙，八手把金剛器杖，正面頂上現一碧馬頭。頭髮如螺焰，大暴惡形，乘青水牛，牛背有蓮華形，蹲坐蓮華形上，遍身火焰炯然超越劫災。大威怒王降伏三世之敵，妙形如斯。

◉馬頭觀音的種子字、真言

種子字：𑖮𑖽（haṁ）或𑖏𑖯（khā）或𑖮𑖳𑖽（hūṁ）

【真言】

南麼① 三曼多勃馱喃② 佉那也③ 畔惹④ 娑破吒也⑤ 莎訶⑥

𑖡𑖦𑖾① 𑖭𑖦𑖡𑖿𑖝𑖤𑖲𑖟𑖿𑖠𑖯𑖡𑖯𑖽② 𑖏𑖯𑖟𑖧③ 𑖥𑖽𑖕④ 𑖭𑖿𑖣𑖘𑖿𑖧⑤ 𑖭𑖿𑖪𑖯𑖮𑖯⑥

namaḥ① samanta-buddhānāṁ② khādaya③ bhaṁja④ sphaṭya⑤ svāhā⑥

歸命① 普遍諸佛② 噉食③ 打破④ 破盡⑤ 成就⑥

南麼① 三曼多勃馱喃② 鈝③ 佉那也④ 畔惹⑤ 娑破吒也⑥ 莎訶⑦

𑖡𑖦𑖾① 𑖭𑖦𑖡𑖿𑖝𑖤𑖲𑖟𑖿𑖠𑖯𑖡𑖯𑖽② 𑖮𑖳𑖽③ 𑖏𑖯𑖟𑖯𑖧④ 𑖥𑖽𑖕⑤ 𑖭𑖿𑖣𑖘𑖿𑖧⑥ 𑖭𑖿𑖪𑖯𑖮𑖯⑦

namaḥ① samanta-buddhānāṃ② hūṃ③ khādāya④ bhaṃja⑤ sphaṭya⑥ svāhā⑦

歸命① 普遍諸佛② 鈝（種子）③ 噉食④ 打破⑤ 破盡⑥ 成就⑦

唵① 阿蜜哩都納婆嚩② 鈝發吒③ 娑嚩訶④

𑖌𑖼① 𑖀𑖦𑖴𑖝𑖻𑖟𑖿𑖥𑖪② 𑖮𑖳𑖽𑖣𑖘𑖿③ 𑖭𑖿𑖪𑖯𑖮𑖯④

oṃ① amṛtodbhava② hūṃ-phaṭ③ svāhā④

歸命① 甘露發生② 恐怖破壞③ 成就④

軍荼利明王

【特德】 軍荼利明王以甘露智水，洗除眾生的三毒煩惱，依法修持軍荼利法並誦其咒語，可得多聞、具足辯才，並成就廣大甚深的般若智慧。

軍荼利明王（梵名Kundah），音譯爲軍荼利，意譯爲瓶，在密教裏，瓶是甘露的象徵，所以又譯作甘露軍荼利。是密教五大明王之一，爲南方寶生佛的教令輪身（忿怒身）。

軍荼利明王是以慈悲方便，成證大威日輪以照耀修行者。並流注甘露智水，以洗滌眾生的心地，因此又稱爲甘露軍荼利明王（Amṛiti-Kuṇḍli，阿密利帝明王）。而此尊以三股杵或三股瓶（甘露瓶）作爲三昧耶形。依《白寶口抄》所述，其三股者乃由三種子變成三股杵，是代表三部軍荼利，因此以三股爲三形也。……或甘露瓶口安三股杵之爲祕事。[illegible] 字佛部，左 [illegible] 字金剛部，右 [illegible] 字蓮花部，此三字變成甘露瓶，口有三股，軍持瓶盛甘露智水，洗除三毒煩惱，彰顯三部如來，故以三股瓶爲三形也。

此外，因爲示現忿怒像，形貌又似夜叉身，所以也稱爲軍荼利夜叉明王（Kuṇḍalī-yakṣas）。另外，也有「大笑明王」的異稱。

◉軍荼利得聰明智慧修法

依《西方陀羅尼藏中金剛族阿蜜哩多軍荼利法》欲得多聞最上智慧聰明者，可取上好菖蒲，於其火壇中安置，誦呪及得三相現轉動，即喫得聞持，多有威德具足辯才，一切人見皆得敬重，可一日誦一千遍。

又有法，如果欲求智慧聰明者，可在日未出時，誦呪、燒香、供養、祈願，即得聰明。

同法中，尚有「立驗軍荼利縛呪」：

那謨囉怛那怛囉夜也那莫失旃拏跋折羅跛拏曳摩訶嚩囉跛囉跛囉羯囉摩也嚩囉迦娜迦囉怛那步灑拏帽哩軍荼利邏馱囉也摩訶弊囉嚩嚕跛陀哩泥俱嚕馱囉惹也

軍荼利明王

娑漫多跛折囉什𠼝羅尾悉普陵誐吒荷娑三勃囉牟哆囉娑娜迦邏也路姪他唵阿蜜哩多軍荼利都嚕都嚕俞嚕俞嚕懼嚕懼嚕沒嚕沒嚕唬嚕唬嚕牟唬牟唬邏懼邏懼怛囉吒怛囉吒末吒末吒迦嗏迦嗏馱迦馱迦度那度那微度那阿娜也阿娜也鉢多鉢多跛多也跛多也翳呬阿尾捨阿尾捨跛囉尾捨跛囉尾捨翳曇摩努沙捨哩嚂擬哩呬哆麼擬哩呬擔𠼝娜瑟吒麼娜瑟吒𠼝鉗波跛也鉗波跛也儞底耶跛也喏臘跛跛也跛多也鄔他跛也荷娑荷娑跛也嚧娜儞雞嚧馱跛也烏俱嚕捨烏俱嚕捨尾俱嚕捨尾俱嚕捨阿俱嚕捨阿俱嚕捨阿俱嚕捨跛也呵那馱訶鉢遮多吒也尾灑也門遮門遮跛也婆誐畔阿蜜哩多軍荼利佉佉莎𠼝呵

據記載，誦持此咒，速疾可得效驗，如果依法誦持，可得大聞持，辯才具足，無量百千法皆得成就。

此尊尚有字輪觀，依法作觀，可得甚深無礙的智慧成就。據經軌記載其修法爲：

(1)結金剛縛定印。

(2)入本尊密言字輪實相三摩地：即於兩目童人上觀字，色如燈焰。

一
一切法本來無所得
二
一切法本不生
三
一切法我不可得
四
一切法眞如不可得
五
一切法因不可得
六
一切法果不可得
七
一切法淨不可得

軍荼利字輪

(3)微屈頸閉目，以心慧眼照了心道。

(4)當於胸臆內觀想圓滿菩提心月輪，炳現在於身器，了了分明，離外散動，由智慧定水澄淨，得菩提心月影於中現。

(5)良久心專注一緣，即於圓明上，以心密言右旋一一字布列，意誦乃至三五遍。

(6)即觀初 𑖀 字，一切法本來無所得，與義相應時，但心緣理不緣於字，一道清淨遍周法界。

(7)即入第二 𑖨 字門，即觀一切法本不生。

(8)即入第三 𑖢 字門，一切法我不可得，即成平等真如自性，成就恆沙功德。

(9)次應入第四 𑖓 字門，一切法真如不可得，諦觀已，內有微細能緣所緣法。

(10)即入第五 𑖡 字門，一切法因不可得，因無所得故果亦無所獲。

(11)次入第六 𑖩 字門，一切法果不可得，由果無所得，故即成究竟圓滿法身，一切無漏諸法所依止。

(12)即觀第七 𑖟 字門，一切法本淨不可得，由一切法無淨故，一切法本不可得。

由字表一切法無所得故，字表一切法本不生；由一切法無生故，字表一切法我不可得；由一切法無我故，字表一切法真如不可得；由一切法真如無所得故，字表一切法因不可得；由一切法因無所得故，一切法果不可得；由一切法果無所得故，即字表一切法離淨。

由一切法無淨故，獲得清淨無戲論實相三摩地。周而復始，由一念清淨心相應故，獲得無礙般若波羅蜜。無始時來，一切業障煩惱，一時頓滅。十方一切諸佛及本尊現前，不久當獲得隨意所樂，世間、出世間悉地成就，現生證初歡喜地菩薩，後十六大生證無上正等菩提。

⊙軍荼利明王的形像

軍荼利明王的形像，通常作四面四臂，或一面八臂。依據《軍荼利儀軌》所記載，四面四臂像的臉部表情各有不同，正面慈悲、右面忿怒、左面大笑、後面微怒開口。全身青蓮華色，坐於磐石之上。這四面四臂象徵的是息災、降伏、敬愛、增益四種法。另外也有說是指第七識的我癡、我見、我慢、我愛的四種根本煩惱。

至於一面三目八臂形，是頭戴髑髏冠，眼張大，作大瞋目，並有二條赤蛇垂在胸前。八隻臂手，右最上手，拿著金剛杵，屈臂向上；下第二手，執持三叉雙頭長戟，屈臂向上；下第三臂，壓左第三臂，兩臂相交在胸前，兩手各作跋折羅印；下第四臂，仰垂向下，勿著右胯，伸五指，爲施無畏手。左上手中，把金輪形，屈臂向上；下第一手，中指以下三指各屈向掌，大指捻中指上節側，食指直豎，向上伸之，屈其臂肘，手臂向左；下第四手，橫覆左胯，指頭向右。

◉軍荼利明王的種子字、真言

種子字：（a hūṁ hūṁ）

【真言】

曩謨① 羅怛曩怛羅夜也② 曩麼③ 室戰拏④ 摩訶縛日羅俱路馱也⑤ 唵⑥ 戶嚕 戶嚕⑦ 底瑟吒 底瑟吒⑧ 滿馱 滿馱⑨ 賀曩 賀曩⑩ 阿蜜哩帝⑪ 吽⑫ 發吒⑬ 娑縛訶⑭

namo① ratna-trayāya② namaḥ③ aścaṇḍa④ mahā-vajra-krodhāya⑤ oṁ⑥ huru huru⑦ tiṣṭha tiṣṭha⑧ bandha bandha⑨ hana hana⑩ amṛte⑪ hūṁ⑫ phaṭ⑬ svāhā⑭

歸命① 三寶② 歸命③ 暴惡④ 大金剛忿怒⑤ 歸命⑥ 速疾 速疾⑦ 安住 安住⑧ 繫縛 繫縛⑨ 殺害 殺害⑩ 甘露⑪ 忿⑫ 摧破⑬ 成就⑭

穢跡金剛（烏樞沙摩明王）

【特德】 修穢跡金剛法門可增長智慧，得大聰明，使修法者辯才無礙，並能以智火燒除不淨、障礙，成就圓滿。

穢跡金剛即烏樞沙摩明王（梵名 Ucchuṣma），梵名又譯作烏芻沙摩明王、烏樞瑟摩明王、烏素沙摩明王。在不同經典中又有多種不同名稱，如火頭金剛、不淨金剛、受觸金剛、穢積金剛、不壞金剛、除穢忿怒尊等。是密教及禪宗所奉祀的忿怒尊之一，為北方羯磨部的教令輪身。現代台灣佛教界多稱此尊為穢跡金剛。

其中「穢積」、「不淨」、「除穢」等名義，以此尊能除去一切污穢成清淨而名之。而火頭金剛的名稱是出自於《楞嚴經》卷五中所記載，據經所述，當時烏芻瑟摩於如來前，合掌頂禮佛之雙足，而白佛言：「我常先憶久遠劫前，性多貪欲，有佛出世，名曰空王，說多淫人成猛火聚，教我遍觀百骸四肢，諸冷暖氣神光內凝，化多淫心成智慧火，從是諸佛皆呼召我名為火頭。我以火光三昧力故，成阿羅漢，心發大願，諸佛成道，我為力士，親伏魔怨，佛問圓通，我以諦觀，身心暖觸，無礙流通，諸漏既銷，生大寶焰，登無上覺，斯為第一。」由此可知此尊能以智火燒除不淨，成就菩提，所以名為火頭金剛。

又據《慧琳音義》卷三十六所載，此明王本願是噉盡一切不淨，具深淨大悲，不避穢觸，為了救護眾生，以如猛火般的大威光，燒除眾生的煩惱妄見、分別

二臂穢跡金剛

垢淨生滅之心，故得名爲除穢忿怒尊。由於具有轉不淨爲清淨之德，所以常置於不淨處供奉。

關於此尊的本地，據諸經論所說，有釋迦佛、不空成就佛、不動明王、普賢菩薩、金剛手菩薩等異說，也有認爲與五大明王之一的金剛夜叉明王（亦爲不空成就佛的教令輪身）同體。

如據《攝無礙經》中記載，穢積金剛爲不空成就佛所化現。而在《底哩三昧耶經》及《大日經疏》卷九中又有說法是：穢積金剛是爲不動明王所化現。《底哩三昧耶不動尊聖者念誦秘密法》中云：「復作是念，彼持明者畏一切穢惡，我今化作一切穢污之物，四面圍繞而住其中。彼所施明術何所能爲，時無動明王承佛教命召彼天，見其作如此事，即化受觸金剛（即是不淨金剛），令彼取之。爾時，不淨金剛須臾悉噉所有諸穢，令盡無餘，便執彼來至於佛所。」

又《大威怒烏芻澀麼儀軌經》云：「普賢即諸佛受職持金剛，爲調伏難調，現此明王體。」所以由此經可知，穢積金剛又爲普賢菩薩所化現。

以此明王爲本尊的修法稱爲烏蒭沙摩法，多用於祈求生產平安或袪除生產的

四臂穢跡金剛

不淨時所修，或是想要驅逐毒蛇、惡鬼等，亦可修此法。凡持誦此明王之神咒或修其法者，可得大功德，不但可得到除病、敬愛、避難、受福、敵伏等大利益，更可得大智慧、大聰明、辯才無礙。

⊙穢跡金剛明王求智慧、辯才法

《覺禪鈔》卷第八十六（烏樞瑟麼）中舉《陀羅尼集經》的說法云：一法者，於日月蝕日，作一水壇，縱廣四肘，牛糞塗地，燒安悉香，散雜色花，將金剛像當中央著。又取好蘇，赤銅器盛著於像前，呪行面向東坐，對像誦呪，至日月滿依舊即休，然後自取其蘇服之，得大聰明，所爲諸事皆獲大驗。

在《穢跡金剛禁百變法經》中也記載有得多智、辯才法：

此上七道，若有人患一切病，以此符書之，皆得除瘥。若人書符吞之者，延年、益智大驗效矣。

六臂穢跡金剛

若依法之人，取白檀綾二丈一尺七寸，白練裹之，置於地輪世界。令人延年得七十歲，若無人送者，即安自宅中庭，掘地七尺埋之亦得，又得聰明、多智、辯才無礙。

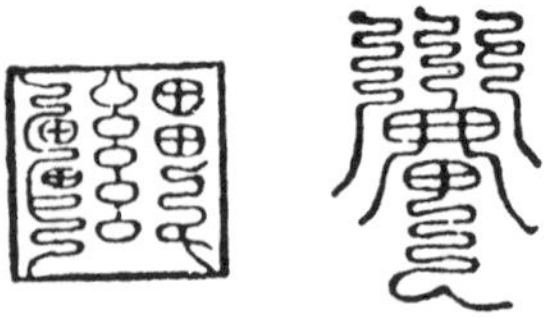

此印一寸八分刻之，咒一千遍，日白膠香度之，剋印日勿令人見，用印印心，得心智、自然智、宿命智，持印百日，即得住種種大法門。

⊙穢跡金剛的形像

穢跡金剛有很多不同的現起因緣，因此其現起的形像也有各種不同的說法。其形像有二臂忿怒形、四臂忿怒形，四臂端正形、三目六臂形、三目八臂忿怒形等類。然一般多採《大威力烏樞瑟摩明王經》卷上所說：具四臂、作忿怒形，眼睛紅色，通身青黑色，遍體起火焰，右上手執劍，下手持羂索；左上手持打車棒，下手執三股叉，一一器杖皆起火焰。

而二臂像的穢跡金剛，有經軌描述爲全身赤色，忿怒形，犬齒露出，密目（如貍眼），髮黃色直豎上衝，左手持杵，右手執娜孥。

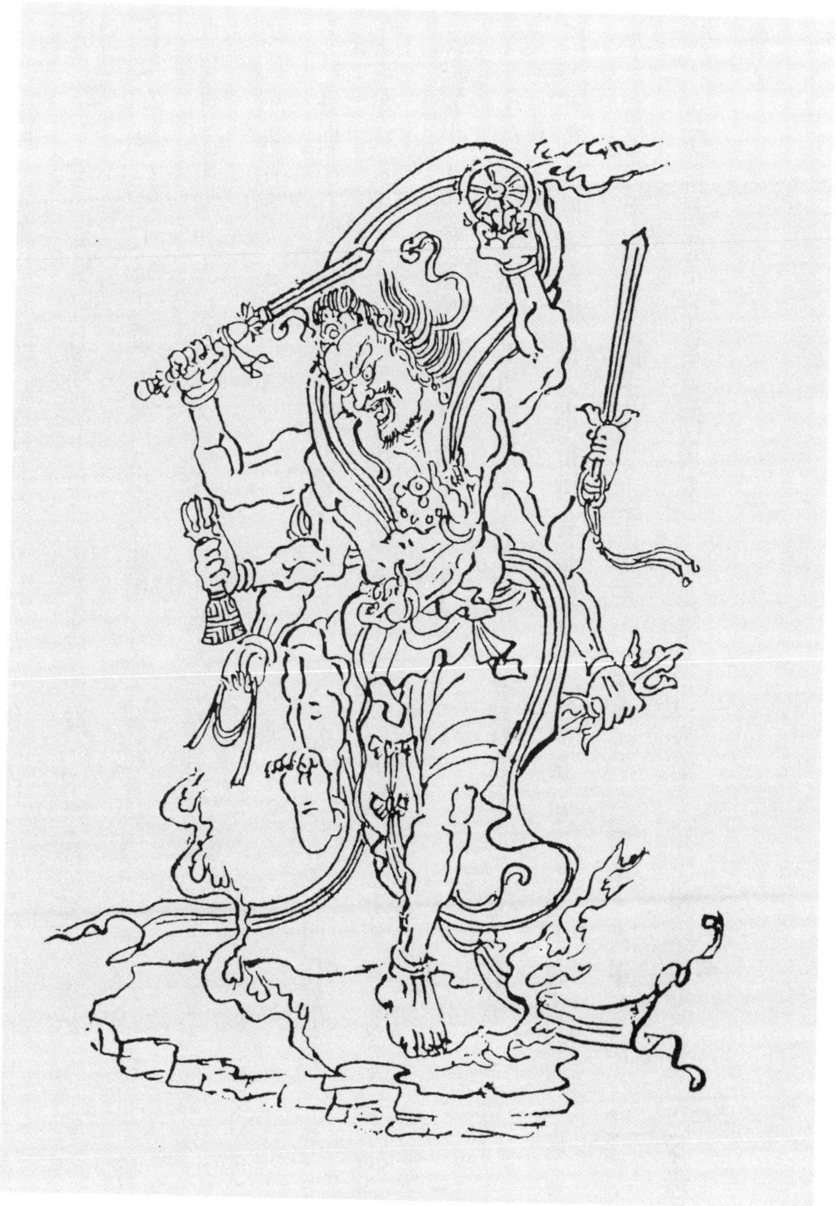

八臂穢跡金剛

另依《陀羅尼集經》記載爲身青色，右手金剛杵，下手舒大拇指指抑，食指直下舒，餘三指稍向上彎曲，左手赤索如盤蛇般，下手持數珠，面貌端正姝妙，兩隻赤龍左縛上絡其頭，胸前相鉤仰視，又各臂脛青龍絞，頭上有一白龍、胯上虎皮縵，頭髮如火焰般，又項背火焰，頭光上左右各一蓮座，左蓮上阿閦佛，右蓮上阿彌陀佛，結跏趺坐。

再則，有六臂像，身作赤色，三目，左、右第一手拳，頭指舒開竪立於心前腕交叉，左第二手鉤，下手五指舒掌俯，右第二手棒，下手劍，右腳上舉，左腳立於岩上，火焰遍於全身，上方虛空中有化佛。

八臂穢跡金剛，依唐本樣像，忿怒形，立於盤石上，左、右第一手結印，中指、無名指押著大拇指，小指與食指舒立，右手左脇邊，左手右腹側寄，各掌向外，右第二手短劍、次手鈴、下手羂索，左第二手六輻輪、次手長劍、下手三股杵，右腳作躍勢，左足直踏於石上，足邊流出火焰，頸上瓔珞，著天衣，頭髮上聳。

⊙穢跡金剛的種子字、真言

種子字：（hūṁ）

【真言】

根本真言

唵① 吽② 發吒發吒發吒③ 鄔仡羅④ 戍攞播寧⑤ 吽吽吽發吒發吒發吒⑥

唵⑦ 擾羝⑧ 寧囉曩娜⑨ 吽吽吽發吒發吒發吒唵唵唵⑩ 摩訶麼攞⑪ 娑縛訶⑫

oṁ① hūṁ② phaṭ pha phaṭ③ ugra④ śūlapāṇi⑤ hūṁ hūṁ hūṁ phaṭ pha phaṭ⑥ oṁ⑦ dūti⑧ nimada⑨ hūṁ hūṁ hūṁ phaṭ pha phaṭ oṁ oṁ oṁ⑩ mahābala⑪ svāhā⑫

歸命① 吽② 發吒發吒發吒③ 強力④ 持鉾者⑤ 吽吽吽發吒發吒發吒⑥

歸命⑦ 使者⑧ 無聲譽⑨ 吽吽吽發吒發吒發吒 歸命 歸命 歸命⑩ 大力⑪

成就⑫

大心真言

唵① 縛日羅② 俱嚕馱③ 摩訶麼攞④ 訶曩娜訶跛者⑤ 尾馱望⑥ 烏樞瑟麼⑦ 俱嚕馱吽吽吒⑧

oṁ① vajra② krodha③ mahābala④ hānadāhapaca⑤ vidvān⑥ Ucchuṣmaḥ⑦ krodha hūṁ phaṭ⑧

歸命① 金剛② 忿怒③ 大力④ 燒棄⑤ 有智⑥ 烏樞瑟摩王⑦ 忿怒破壞⑧

解穢真言

唵① 修利摩利② 摩摩利摩利③ 修修利④ 莎訶⑤（《陀羅尼集經》九）

oṁ① śrīmali② mamali mali③ śuśrī④ svāhā⑤

歸命① 吉祥保持② 幸福保持保持③ 華麗吉祥④ 成就⑤

金剛童子

【特德】修金剛童子法可以增長記憶力，得聞持不忘，並且能通達一切佛法，辯辭無礙，與人議論皆能得勝。

金剛童子（梵名Kani-krodha），又稱爲金剛兒；密號事業金剛。爲胎藏曼荼羅金剛部院第三行上方第五位之尊。相傳爲阿彌陀佛的化身，或是與烏樞沙摩明王爲同體之尊。由於《聖迦抳忿怒金剛童子菩薩成就儀軌經》卷上說，金剛童子爲金剛薩埵之化身，所以後代阿闍梨或依此說法，而將此尊添加於金剛薩埵之曼荼羅中。

以此尊爲本尊所修之息災、調伏等法，稱爲金剛童子法，修其法有可得證悟一切三乘佛法的利益、並現悉地成就相、示現金剛兒身、得見諸佛、得到各種伏藏財富、除去怖畏、得到聞持之力等各種功德。

⊙金剛童子得聞持不忘、無礙辯才法

依《聖迦抳忿怒金剛童子菩薩成就儀軌經》及相關經軌記載，金剛童子有種種法，依法修之或可得聞持不忘、或可得智慧辯才。據載：

聖迦抳忿怒金剛童子法根本印為：

以二中指相背豎，二無名指於中指中節外橫交，二頭指（食指）鉤二無名指頭，二大拇指於中指前中節頭相拄，二小指頭相合，向下豎如針即成。

根本真言：

曩謨一　囉怛曩怛囉夜野二　曩莫室戰拏嚩日囉播拏曳三　摩賀藥乞灑細曩鉢多曳四　怛儞也他五　唵六　迦抳度顊七　吽八　發吒　娑嚩賀

隨心真言：

唵一　迦顊度麼二　吽　發吒

金剛童子

1.增長記憶力、聞持不忘法

於白氈或於素上或板上，不應用皮膠，畫師應潔淨受八戒，畫聖金剛童子像作忿怒形，虎皮爲裙，右手把金剛杵，左手作施願。持誦人對此像，於舍利塔前作先行法已，以香花供養此像，前應作方爐作增益法。取沈香木，可長如大拇指指節，搵酥合油，七日，日三時，每時誦真言一百八遍，一遍一擲火中護摩，滿七日已，得持明仙安怛但那，足離於地行疾如風，所聞永不忘失。

又法，欲求聞持不忘日誦萬言者，對聖迦抳金剛童子像，種種供養，於銀器中盛酥，取酥法如下當明，念誦乃至三相現，隨上、中、下，皆得聞持不忘。

又法，於白月十五日月蝕時，行者受八戒，對舍利塔，一日一夜不食，取瞿摩夷未墮地者，塗一圓壇，大小如一牛皮許，取黃乳牛犢母子同色者，令童女搆乳酪抨酥，取酥七兩置於金銀器中，以左手持酥，以右手無名指攪酥誦真言，若暖飲之，得聞持不忘，日誦萬言，一誦已後乃至終身更不廢忘；若得煙相，一切人見者愛敬尊重；光相現者，則得安怛但那成就。

又法，月蝕時，於舍利塔前取相思子，曝乾擣爲末，和酥蜜作丸，置熟銅器中，取菩提葉七枚，覆蓋器，如前念誦，乃至光相現分藥供養，如前取服，即得聞持不忘，日誦萬言。

又法，每日烏未鳴時，取胡椒七顆加持二十一遍，自食，即得聞持，日誦一百五千偈乃至終身永不廢忘。

又法，欲自他增益者，乳木搵酥蜜酪，護摩三日，日三時，時一千八遍，誦真言一遍一擲火中，所求榮官、財產、聰慧、增壽悉皆獲得。

又法，取黃乳牛犢子與母同色者，搆乳成酪，抨酥於金器中盛，誦真言加持十萬遍，即喫，得聞持不忘，日誦萬言。

又法，取沈水香護摩，誦真言十萬遍，一遍一擲火中，日誦萬言，耳所曾聞經典乃至終身不忘。

2.得辯才無礙法

又法，於神通月十五日，對像前廣作供養，取般若波羅蜜經夾，以香泥塗夾，以花鬘纏供養，置於左手，結跏趺坐，念誦乃至放光，則得通達一切佛法，無礙解辯，爲持明仙遍遊六趣，廣能利樂無邊有情至無上菩提。

又法，左手把袈裟角，加持二十一遍，共人論議，皆悉得勝，辭辯無礙。
又法，加持菖蒲二十一遍口中含，共人論議皆即得勝。
（以上修法，詳見於大正藏第二十一卷《聖迦抳忿怒金剛童子菩薩成就儀軌經》）

⊙金剛童子的形像

此尊形像呈忿怒形，身為肉色，高舉著左腳，兩臂展伸，左手持金剛杵，右手向下結施無畏印，右腳踏在蓮花上，頭部有圓光，髮呈上揚的火燄狀。而在諸儀軌中，有多種形像記載，身為黃色者稱為黃童子；身為青色者，稱為青童子。
在《金剛童子成就儀軌》中，有描述此尊自大海中涌出的形像為「其像獨身從海涌出大海中，身如吠璃瑠色，身有六臂，臂膊臃序相貌充滿，面有三目，其目赤色，首戴寶冠，狗牙上出，口咬下唇顰眉威怒。又於海中畫一寶山，像以左足踏於寶山，山上有妙蓮色以承其足，右足在海水中立，沒其半膝。右第一手持底里賞俱金剛杵作擲勢；右第二手持母娑羅棒，謂棒一頭如鐵杵形；右第三手執於鉞斧。左第一手把棒，左第二手如擬勢（作金剛拳舒頭指），左第三手持劍。以一大蛇於身上角絡繫，又以一切毒蛇作膊釧、臂釧、腰條、瓔珞及耳璫、繫髮。又以一大蛇繞腰三匝，身背圓光，火焰圍遶。於火焰外，有其雷電，以相輔翼。」這也就是一般所說的青童子。

又有二臂像作「種種瓔珞以爲莊嚴，身如火色，遍於身上流出火焰。以右手持金剛杵斜舉向上，左手作施願手，腳爲阿里荼立踏盤石上。」

⊙金剛童子的種子字、真言

種子字：（hūṃ）

【真言】

同心真言

唵① 迦⿰寧頁② 吽發吒③

oṃ① kaṇi② hūṃ-phaṭ③

歸命① 諸作② 忿破壞③

金毗羅童子

如法修持金毗羅童子咒法可得宿命智、他心智，辯才無礙，成就種種廣大智慧。

【特德】

金毗羅（梵名 Kumbhīra），梵名又音譯爲金毗囉、禁毗羅、宮毗羅、俱毗羅、俱吠嚕等等，意譯作威如王或蛟龍等。爲般若守護十六善神之一，常守護般若經法及其持誦者。同時也是中印度王舍城的守護神，及藥師十二神將之一。有說此護法神是龍王，又說是夜叉神王，統領藥叉眾守護佛法。

據《興起行經》卷下所載，佛陀往昔在耆闍崛山經行時，提婆達多曾舉崖石擲佛，這時，耆闍崛山神金毗羅忽然現身，以手接石護衛佛陀。

在《長阿含經》卷十二〈大會經〉中說，金毗羅神的住處是在王舍城的毗富

金毗羅童子

羅山。《大寶積經》卷三十六〈金毗羅天授記品〉則記載說，金毗羅及其子世羅供養佛而得授記。而在那連提耶舍所譯的《大雲輪請雨經》卷上則舉有金毗羅龍王之名。

而當佛對治外道時，金毗羅天童子經常在空中示現大夜叉身，以助佛化道。據《金毗羅童子威德經》記載，往昔佛陀曾密化自身，於大會中作金毗羅童子，身長千尺，復有千頭，身生千臂大叫哮吼，這時，在會中彼十方諸獻咒眾菩薩，及諸聲聞，由於畏懼此童子的大威勢力，皆於虛空隱沒不現，唯有童子一身，更無有人。直至佛陀告訴與會大眾：「汝等勿怖，各現本處！」是諸大眾才除去心中的怖畏，現其本身。

佛陀並應阿難之請，宣說「大勝金毗羅童子降天魔術妙神咒陀羅尼」：

唵嘧唎陀嘔嗶啞栖迷吽

如來說此神咒後，會中有多位菩薩相繼各說種種助道之法，其中與智慧聞持有關者為：

(1)藥王菩薩所說：若有眾生欲求如來禪定智慧者，先持如來神咒十萬遍，然後依藥王菩薩所說，如法誦咒製藥，即可得辯才、智慧。

(2)龍樹菩薩所說：若有眾生求利智辨才，依前誦咒一萬遍，並取訶梨勒十二顆，取蜜三兩、取井花水五升，煎取二升半，取彼果及蜜陰乾搗篩，復坐和彼藥汁，夜間子時服之，可令人增智。

(3)馬鳴菩薩所說：取曇磨羅五兩，取菴毗羅五兩、婆伽勒五兩（此云天門冬）、勒婆娑五兩（此云白訶梨勤是也）、取井花水三升、白蜜三升柒三升和上件六味，水中煎。當煎之月，唯願護淨不得觸穢，或於寺中或於故塔中煎。行人當取須誦前呪不得停歇。三升井花水煎取一升，然後盛於新器中，掘地三尺埋之，二七日出取之。先向佛前供養三日，行者清齋洗浴，取藥少分嘗之，味如忉利天歡喜園中食相似，然後誦前呪，呪藥三千遍……欲求智慧者，藥少許和，即有三十生宿命智。又法，欲他心智者，取藥，食藥一日之中萬病消除……若食五日，辯才智慧……此藥能成種種智慧。

又法，欲他心智者，取藥誦呪，泉水服之，即得萬里他心智。又法，欲求自然智者，取藥一合和井花水晨旦服之，二日七日得自然智，又法欲發意修大乘經典者，煎件藥日呑少分，七十日心開悟解八萬圍陀書史，聰明智慧辯才無礙，世間第一。又法，欲求種種智慧者，取藥三合，佛前呪之七七遍，然後服之，即得如來一切智。

如法修持金毗羅童子咒法，及《金毗羅童子威德經》中之諸菩薩助道法可得犀利智慧辯才，成就種種智慧。

辯才天

辯才天主掌學問、辯才、音樂與福德，修持其法者，都能得到護持而增長學問、智慧，辯才犀利，善解眾論及通達種種技術。

【特德】

辯才天（梵名 Sarasvatī、Sarasvatī-devī），梵名音譯作薩囉薩伐底、薩囉娑嚩底、縒羅莎縛底、蘇羅娑縛帶。意譯爲妙音天、妙音樂天、美音天、大辯才天、大辯才天女、大辯才天神、大辯才天王、大聖辯才天神。略稱辯天，俗稱辯

辯才天

財天。此天主掌學問、辯才、音樂與福德。相傳梵語及天城體字母即為其所創。

在《金光明最勝王經》卷七〈大辯才天女品〉中記載，凡是宣講《金光明經》者，都能得到她的護持而智慧增長、具足言說辯才。凡忘失經文句義者，也能得到她的幫助而憶持開悟。如果有眾生聽聞該經，也能受到此天的加持，而得到不可思議的犀利辯才，與無盡的大智慧，並善解眾論及諸技術；能出離生死，速趣無上正等菩提。

在《金光明經》〈大辯才天女品〉中，提到辯才天女發願護持持誦本經之行者：「世尊！若有法師說是金光明最勝王經者，我當益其智慧，具足莊嚴言說之辯。若彼法師於此經中文字、句義所有忘失，皆令憶持能善開悟，復與陀羅尼總持無礙。（中略）復令無量有情聞是經典，皆得不可思議捷利辯才、無盡大慧，善解眾論及諸伎術，能出生死，速趣無上正等菩提，於現世中增益壽命，資身之具悉令圓滿。」

由此可知，如果要祈求辯才天女護佑，增長學問、智慧、技術等，皆可持誦《金光明經》。

辯才天

⊙開啟智慧才辯的真言

在《金光明經》中佛陀弟子憍陳如承佛威力，於大眾前，讚歎辯才天女，並請天女為一切眾生宣說開啟智慧、辯才之真言：

辯才天女便受其請，為說呪曰：

怛姪他　慕囇只囇　阿伐帝(勵貞)阿伐吒伐底(丁里下同)馨遇嚇　名具嚇　名具羅伐底　鴦具
師　末唎只三末底　毗三末底惡近(入)　唎莫近唎怛囉只　怛囉者伐　底質質哩室
里蜜里　末難地　曇(去)末唎只　八囉拏畢唎裔　盧迦逝瑟跐(丑世反)盧迦失囇瑟耻　盧
迦畢唎裔　悉馱跋唎帝　毗麼目企(輕利反)輸只折唎　阿鉢唎底喝帝　阿鉢喇底喝哆勃
地　南母只　南母只　莫訶提鼻鉢喇底近(入)唎昏(火恨)拏(上)南摩塞迦囉　我某甲勃地
達哩奢呬　勃地　阿鉢喇底喝哆　婆(上)跋覩　市婆謎毗輸姪覩　舍悉怛囉輸路迦
曼怛囉畢得迦　迦婢耶地數　怛姪他　莫訶鉢喇婆鼻　呬里蜜里呬里蜜里　毗
折喇覩謎勃地　我某甲勃地輸提毗薄伽伐點　提毗焰　薩羅酸(蘇活)點(丁焰反)羯囉(魯家)滯雞由
囇雞由囉末底　呬里蜜里呬里蜜里　阿婆訶耶弭　莫訶提鼻勃陀薩帝娜　達摩薩

帝娜 僧伽薩帝娜因達囉薩帝娜 跋嘍拏薩帝娜 裔蘆雞薩底婆地娜 羝釤(引)薩帝娜 薩底伐者泥娜阿婆訶耶弭 莫訶提鼻 呬哩蜜哩呬哩蜜哩 毗折喇覩 我某甲勃地 南謨薄伽伐底(丁利反)莫訶提鼻 薩囉酸底 悉甸覩 曼怛囉鉢陀彌 莎訶

此真言能爲眾生求得勝妙辯才及諸珍寶、神通、智慧等，廣大利益一切，速證菩提。

⊙辯才天女修持法

除了宣說此真言之外，辯才天女並以偈頌宣說更詳細的修持法：

先可誦此陀羅尼，令使純熟無謬失。
歸敬三寶諸天眾，請求加護願隨心，敬禮諸佛及法寶，菩薩獨覺聲聞眾。
次禮梵王並帝釋，及護世者四天王，一切常修梵行人，悉可至誠殷重敬。
可於寂靜蘭若處，大聲誦前呪讚法，應在佛像天龍前，隨其所有修供養。
於彼一切眾生類，發起慈悲哀愍心，世尊妙相紫金身，繫想正念心無亂。
世尊護念說教法，隨彼根機令習定，於其句義善思惟，復依空性而修習。

應在世尊形像前，一心正念而安坐，即得妙智三摩地，並獲最勝陀羅尼。
如來金口演說法，妙響調伏諸人天，舌相隨緣現希有，廣長能覆三千界。
如是諸佛妙音聲，至誠憶念心無畏，諸佛皆由發弘願，得此舌相不思議。
宣說諸法皆非有，譬如虛空無所著，諸佛音聲及舌相，繫念思量願圓滿。
若見供養辯才天，或見弟子隨師教，授此秘法令修學，尊重隨心皆得成。
若人欲得最上智，應當一心持此法，增長福智諸功德，必定成就勿生疑。
若求財者得多財，求名稱者獲名稱，求出離者得解脫，必定成就勿生疑。
無量無邊諸功德，隨其內心之所願，若能如是依行者，必定成就勿生疑。
當於淨處著淨衣，應作壇場隨大小，以四淨瓶盛美味，香花供養可隨時。
懸諸繒綵並幡蓋，塗香末香遍嚴飾，供養佛及辯才天，求見天身皆遂願。
應三七日誦前呪，可對大辯天神前，若其不見此天神，應更用心經九日。
於後夜中猶不見，更求清淨勝妙處，如法應畫辯才天，供養誦持心無捨。
晝夜不生於懈怠，自利利他無窮盡，所獲果報施群生，於所求願皆成就。
若不遂意經三月，六月九月或一年，慇懃求請心不移，天眼他心皆悉得。

⊙召請辯才天女之祈請文

如果要祈請辯才天女哀愍加護自己，於現世中得無礙言辭辯才、聰明大智慧及巧妙言詞，博大綜覽奇才，論議文飾，皆隨意成就，應當如下更加至誠殷重而請召天女：

「南謨佛陀也！南謨達摩也！南謨僧伽也！南謨諸菩薩眾、獨覺、聲聞一切賢聖！過去、現在十方諸佛，悉皆已習真實之語，能隨順說當機實語無虛誑語，已於無量俱胝大劫常說實語，有實語者悉皆隨喜。以不妄語故，出廣長舌能覆於面，覆贍部洲及四天下，能覆一千、二千、三千世界，普覆十方世界，圓滿周遍不可思議，能除一切煩惱炎熱。敬禮，敬禮一切諸佛如是舌相，願我某甲皆得成就微妙辯才，至心歸命。

敬禮諸佛妙辯才，諸大菩薩妙辯才，獨覺聖者妙辯才，四向四果妙辯才；

四聖諦語妙辯才，正行正見妙辯才，梵眾諸仙妙辯才，大天烏摩妙辯才；

塞犍陀天妙辯才，摩那斯王妙辯才，聰明夜天妙辯才，四大天王妙辯才；

善住天子妙辯才，金剛密主妙辯才，吠率怒天妙辯才，毗摩天女妙辯才；

侍數天神妙辯才，室唎天女妙辯才，室唎末多妙辯才，醯哩言詞妙辯才；

諸母大母妙辯才，訶哩底母妙辯才，諸藥叉神妙辯才，十方諸王妙辯才。

所有勝業資助我，令得無窮妙辯才。

敬禮無欺誑，敬禮解脫者，敬禮離欲人，敬禮捨纏蓋。

敬禮心清淨，敬禮光明者，敬禮真實語，敬禮無塵習。

敬禮住勝義，敬禮大眾生，敬禮辯才天，令我詞無礙。

願我所求事，皆悉速成就，無病常安隱，壽命得延長。

善解諸明呪，勤修菩提道，廣饒益群生，求心願早遂。

我說真實語，我說無誑語，天女妙辯才，令我得成就。

惟願天女來，令我語無滯，速入身口內，聰明足辯才。

願令我舌根，當得如來辯，由彼語威力，調伏諸眾生。

我所出語時，隨事皆成就，聞者生恭敬，所作不唐捐。

若我求辯才，事不成就者，天女之實語，皆悉成虛妄。

有作無間罪，佛語令調伏，及以阿羅漢，所有報恩語。
舍利子目連，世尊眾第一，斯等真實語，願我皆成就。
我今皆召請，佛之聲聞眾，皆願速來至，成就我求心。
所求真實語，皆願無虛誑，上從色究竟，及以淨居天；
大梵及梵輔，一切梵王眾，乃至遍三千，索訶世界主；
并及諸眷屬，我今皆請召，惟願降慈悲，哀憐同攝受。
他化自在天，乃以樂變化，覩史多天眾，慈氏當成佛；
夜摩諸天眾，及三十三天，四大王眾天，一切諸天眾；
地水火風神，依妙高山住，七海山神眾，所有諸眷屬；
滿財及五頂，日月諸星辰，如是諸天眾，令世間安隱；
斯等諸天神，不樂作罪業，敬禮鬼子母，及最小愛兒；
天龍藥叉眾，乾闥阿蘇羅，及以緊那羅，莫呼洛伽等；
我以世尊力，悉皆申請召，願降慈悲心，與我無礙辯。
一切人天眾，能了他心者，皆願加神力，與我妙辯才。

乃至盡虛空，周遍於法界，所有含生類，與我妙辯才。」

如果能依如是呪及呪讚，並如前所說受持法式，歸敬三寶虔心正念，則於所求事皆能滿願。如果再加上受持讀誦《金光明經》，則所願求者無不達成，速得成就，除非不至誠專心。

◎辯才天的形像

辯才天女在現今印度教所崇奉的造像中，一般多作四臂形，右第一手持花、次手執梵夾，左第一手持大自在天的華鬘，次手持鼓；乘騎雁鳥。

在密教胎藏曼荼羅中，此天則位外金剛部院，兩手抱琵琶作彈奏狀。而依《金光明最勝王經》卷七〈大辯才天女品〉所述，此天女常以八臂自莊嚴，各持弓、箭、刀、矟、斧及長杵、鐵輪、羂索。

修習辯才天女法，除了上述的作用之外，還可以使人成爲大聲樂家，或大雄辯家。日本密教對此尊非常崇仰，甚至發展出日本特有的傳說如「辯才天十五童子」，與「日本本邦五辯才天」等皆是。

◎辯才天的種子字、真言

種子字：（sa）或（su）

【真言】

南麼① 三曼多勃馱喃② 薩囉薩伐底曳③ 莎賀④

namaḥ① samanta-buddhānāṃ② sarasvatiye③ svāhā④

歸命① 普遍諸佛② 辯才③ 成就④

曩謨① 薩囉酸底② 莫訶提鼻裔③ 莎訶④

namaḥ① sarasvatī② mahā-deviye③ svāhā④

歸命① 辯才② 大天女③ 成就④

摩利支天

摩利支天能行隱身術，並能護佑眾生獲大聰明，議論得勝乃至獲得菩薩清淨大智，亦為眾生除滅災障，施予種種利益。

【特德】

摩利支天（梵名Marīci），又音譯爲摩里支天、末利支天；意譯作積光、威光、陽燄等名。以能行隱身術而著稱，爲能除滅眾生一切障礙災難，並施予利益的女神。有時也被稱爲摩利支天菩薩或大摩里支菩薩。

據佛典《佛說摩利支天菩薩陀羅尼經》所記載，摩利支天有大神通自在之法，常在日天（太陽神）前行走，日天不能見到她，而她能見到日天。由於她能隱形，所以她的形蹤無人能知，無人能捉，無人能害，無人能加欺誑、束縛。因此，修習摩利支天法或誦習《摩利支天經》者，也能得到此不可思議能力的加護，而得大神通自在之法，不爲冤家所害。

摩利支天

在《白寶口抄》卷一百五十一中，提及修持摩利支天法時，可幫助行者得大聰明，與他人議論時，獲得勝利：「若欲論義，依前法，火燒梨枝一八段，段別一尺，并呪，如是七日作此法者，得大聰明論師。」

又法：「若共他論義得勝時，被他相瞋一隻相言，又共他鬥諍被他相言，枷鎖官邊問罪是非時，取白菖蒲滿呪二十一遍，右臂繫之，以左手作歡喜印并呪去之者，即得大勝之理。若數數誦呪，種種得驗。」

依據《佛說大摩里支菩薩經》所記載，此尊「能令有情在道路中隱身、眾人中隱身。水、火、盜賊一切諸難皆能隱身。」如能虔誠依法修持，則一切天魔惡鬼外道，都無法覓得修法者的行蹤，而「諸持誦阿闍梨，若依摩里支成就法行，精進修習，勇猛不退。無缺犯，如是眾生，令得菩薩清淨大智」。除此之外，經中還詳載有息災、增益、降伏等法，若得精進修習，各法均有不可思議之效驗。

◎摩利支天的形像

摩利支天的形像，依修法不同而有種種不同，如《大摩里支菩薩經》卷五：

「變自身成摩里支菩薩相：身如閻浮檀金，光明如日。頂戴寶塔，著紅天衣、腕釧、耳環、寶帶、瓔珞及諸雜花種種莊嚴。八臂、三面、三眼、光明照曜。脣如曼度迦花，於頂上寶塔中，有毗盧遮那佛，戴無憂樹花鬘。

左手持羂索、弓、無憂樹枝及線；右手執金剛杵、針、鉤、箭。正面，善相微笑，深黃色、開目，脣如朱色，勇猛自在。左面，作豬相，醜惡忿怒，口出利牙，貌如大青寶色，光明等十二日，顰眉吐舌，見者驚怖。右面，作深紅色，如蓮華寶有大光明……。」

另有天女之造像：或坐或立於蓮花上；左手在胸前持天扇，右手下垂。也有的是現忿怒像，有三面，每面有三目，有六隻手臂或八隻手臂，騎乘於野豬上，或坐於七野豬拖車之上；左方的各手分別執無憂樹、羂索及弓弦；右手各手分執金剛杵、針、箭與金剛斧。種種形像不等。

◎摩利支天的種子字、真言

種子字：𑖦（ma）或𑖦𑖽（maṁ）

【真言】

小咒一

唵① 摩利制曳② 娑嚩訶③

𑖌𑖼① 𑖦𑖨𑖰𑖓𑖸𑖧𑖸② 𑖭𑖿𑖪𑖯𑖮𑖯③

oṁ① mariceye② svāhā③

歸命① 摩利支② 成就③

小咒二

唵① 阿儞底也② 摩利支③ 娑嚩訶④

① 𑖁𑖟𑖰𑖝𑖿𑖧② 𑖦𑖨𑖰𑖓𑖰③ 𑖭𑖿𑖪𑖯𑖮𑖯④

oṁ① āditya② marici③ svāhā④

歸命① 日② 陽炎③ 成就④

訶利帝母（鬼子母神）

訶利帝母能護佑眾生增強記憶力，得智慧、聰明、辯才等，並能守護一切眾生消除災障、能護佑婦人生產順利，滿足祈求子息的願望。

【特德】

訶利帝母（梵名hārītī），爲夜叉女之一。梵名音譯作訶利帝，意譯又作歡喜母、鬼子母、愛子母。

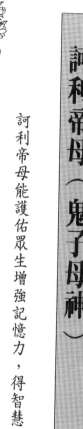

《根本說一切有部毗奈耶雜事》卷三十一中，記載其過去生的因緣故事。訶利帝母本來是專食幼兒的夜叉女，後來佛陀爲了調伏此夜叉女，便帶走其最心愛的幼子，使其了解父母失去孩子的痛苦。

訶利底女聽了佛陀的教誨，頓然悔悟，從此便依止佛陀的教敕，不再危害世人。佛陀並囑咐訶利帝母及其愛子，於佛法中，一切寺廟伽藍、僧尼住處，常於晝夜勤心擁護修行者，勿使其衰弱損傷，令其得到廣大安樂，乃至佛法滅了之後，於贍部洲也應當如是守護。此外，佛陀也慈悲地允諾：「所有我聲聞弟子，每於食次外出向眾生乞食，應於行末設供食一盤，呼你的名字，及你一切兒子，皆令其飽食，永無飢餓之苦。」以免訶利帝母及其子，不再食人幼子後，無食可食。

訶利帝母除能護佑婦人生產順利，滿足眾生求子之願外，修其法尚能得聞持不忘之力，同時能使行者辯才無礙，論議得勝。

在《覺禪鈔》卷一〇七中，即記載有修持訶利帝母法祈求智慧、聞持之事：「若日月蝕時，於像前，以熟銅垸盛蘇加持，乃至復滿，食此加持蘇，即獲聞持，日誦千言。」

修訶利帝母法，除了能獲得智慧、聞持不忘之外，也有祈求增長辯才，論議得勝之法：「欲得論義勝者，取野葛一斤，加持二十一返，手把與彼論義，彼便杜口。」

密教列此尊於胎藏界曼荼羅之的金剛部院。以鬼子母神爲本尊，所修法爲訶利帝母法。相關儀軌有不空所譯之《大藥叉女歡喜母并愛子成就法》與《訶梨帝

訶利帝母

母真言法》。

在日本，常爲祈求安產而奉祀訶利帝母像，訶梨帝母法頗爲盛行。其所奉祀形像多爲天女像，左手懷抱一子，右手持吉祥果，姿態端麗豐盈。而在《法華經》〈陀羅尼品〉中，此女神則與十羅剎女共誓守護法華行者。

◎訶利帝母的真言

唵① 努努摩哩迦呬諦② 娑嚩賀③

oṁ① dundumālikāhite② svāhā③

歸命① 努努摩哩迦呬諦（頸飾青鬘的鬼子母神）② 成就③

伎藝天

伎藝天為一切諸天神中伎藝第一，能護佑眾生一切事業、學業等專業技能迅速成就，並能滿足眾生一切吉祥、富足之願。

【特德】

伎藝天又稱大自在天女、摩醯首羅頂生天女，爲密教的護法神。相傳是自摩醯首羅天王（大自在天王）髮際所化生的天女。

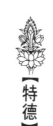

根據《摩醯首羅大自在天王神通化生伎藝天女念誦法》所記載：「爾時摩醯首羅天王於大自在天上，與諸天女前後圍繞，神通遊戲作諸伎樂。忽然之間，於髮際中，化出一天女，顏容端正，伎藝第一，一切諸天無能勝者。於大眾中而作是言：『我今爲欲利益一切，有所祈願豐饒、吉祥、富樂之事，隨心稀求，悉能滿足，於諸業藝，速能成就。』」

由此可知，伎藝天女對於眾生希求豐饒、吉祥、富樂的願望，都能一一賜予

伎藝天

滿足。如果有眾生向她祈求一切事業技能等伎藝，也可以迅速得到成就。

此天女古來多爲日本從事伎藝者所尊崇。伎藝天女的修法於天旱或雨水過多時，若如法結界壇、護摩，唸誦其真言，向其祈請，能圓滿祈雨或止雨心願。

此天女的顏色容貌端正，伎藝第一。其形像爲身著天衣，以瓔珞莊嚴自身兩手腕上各有鐶釧，左手向上捧天花，右手向下作捻裙狀。

⊙伎藝天真言

曩謨摳支摩貌施佉地尾鉢羅鉢地野試迦囉者嚕啉怛儞野他濕嚩惹底𠼝吠囉摩惹哩彌吽發吒娑嚩賀

第3篇

增長智慧才辯的經典

第一章 緒論

廣義而言，一切的佛經都是爲了使眾生具足智慧，離苦得樂而宣說的。但是自古以來有一些經典，即是爲了增長智慧或某一類的才藝、智辯所宣說；或是歷代以來，在增長智慧才辯上，有特別的靈效，而爲修持者所特別重視。這一類的經典其所衍生的修持法門，可被歸類爲增長智慧才辯的經典修法。

在本書中，我們特別選擇了《般若心經》、《金剛經》、《增慧陀羅尼經》、《佛說花聚陀羅尼經》、《華嚴經》等經典，做爲增長智慧才辯經典的代表。希望大家在修持這些經典法門之後，能具足世間與出世間的智慧才辯。不只在世間的學習、記憶、思辯、觀察能力上，能自在的增長，使每個人的學業、事業及各種才藝、智辯更趨圓滿，而且更能體悟出世間的解脫智慧，趨入無上的佛智菩提，並圓滿無上的佛果。

當然，佛法中有許許多多能增長智慧才辯的經典法門，在此無法全部列舉。但希望本書所條列的這些經典法門，能使大家受用，得到甚深的智慧才辯。並能舉一反三，將這些修法的精要，運用到大家所熟悉或有緣的經典法門上，以成就圓滿的智慧。

第二章 增長智慧才辯的經典

般若波羅蜜多心經

《般若心經》，代表一切智慧的精髓，能幫助眾生開啟智慧，破除無明、煩惱，成就世間、出世間的究竟智慧，並使眾生福德增長，一切所求圓滿吉祥，是一部感應力量不可思議的經典。

【功德】

《般若心經》全名：摩訶般若波羅蜜多心經，簡稱般若心經、心經。「般若」即智慧，是能明見一切事物究竟實相的智慧，而「心」是指精要、心髓。這短短的二百六十個字的經文——《般若心經》，卻是講述甚深智慧的精要。

《心經》是一部極珍貴的經典，古來導引著無數的高僧大德開悟解脫。而由於《心經》是智慧的精髓，從智慧光明的中心出發，自然能超越一切的痛苦災厄，具足圓滿吉祥。也因此《心經》成為一部感應力量不可思議的經典。它具有消災祈福的感應功德，所以時常書寫《心經》，不僅能讓我們修身養性，安心、定性，增長智慧，並且具有消災祈願、增長福德的功能。

⊙般若心經全文（唐・玄奘譯本）

觀自在菩薩行深般若波羅蜜多時，照見五蘊皆空，度一切苦厄。舍利子！色不異空，空不異色；色即是空，空即是色。受想行識，亦復如是。舍利子！是諸法空相：不生不滅，不垢不淨，不增不減。是故空中無色，無受想行識；無眼耳鼻舌身意，無色聲香味觸法；無眼界，乃至無意識界；無無明亦無無明盡，乃至無老死亦無老死盡；無苦集滅道，無智亦無得；以無所得故，菩提薩埵依般若波羅蜜多故，心無罣礙。無罣礙故，無有恐怖，遠離顛倒夢想，究竟涅槃。三世諸佛依般若波羅蜜多故，得阿耨多羅三藐三菩提。故知般若波羅蜜多，是大神咒，是大明咒，是無上咒，是無等等咒，能除一切苦，真實不虛。故說般若波羅蜜多咒即說咒曰：

揭諦揭諦．波羅揭諦．波羅僧揭諦．菩提薩婆訶

⦿般若心經的白話語譯

修持《心經》時，最簡單、最基本的方法，就是把《心經》背誦起來，這是很重要的。當我們把《心經》背誦起來之後，在日常生活中，就可以時時刻刻的從經中去理解、體會《心經》的真義。

除了背誦原經文之外，以下的白話意譯，也可以做爲我們了解《心經》心要的參考：

「觀自在菩薩，行深般若波羅蜜多時，照見五蘊皆空，度一切苦厄。」

聖觀自在菩薩，正在實踐著圓滿至深智慧到達解脫彼岸的妙行。

當下覺照到色身、感受、思想、心行、意識等五種生命身心現象的存有，都

是現空的，因此超越度脫了一切的苦厄。

「舍利子！色不異空，空不異色；色即是空，空即是色。受、想、行、識亦復如是。」

舍利子啊！所有生命色身的現象都是空的，而空性正是生命色身的存有狀態。因此，色身不異於空，空也不異於色身；色身即是空，而空也即是色身自身。同時生命其餘的感受、思想、心行、意識等四種精神現象，也與色身的存在情形完全相同，都是空性的。

「舍利子！是諸法空相：不生、不滅、不垢、不淨、不增、不減。」

舍利子啊！這一切諸法存有都是空的相狀，是不生、不滅，沒有染垢、沒有清淨，沒有增加、也沒有減少的。

「是故空中無色，無受、想、行、識；無眼、耳、鼻、舌、身、意，無色、聲、香、味、觸、法；無眼界，乃至無意識界；無無明，亦無無明盡，乃至無老死，亦無老死盡；無苦、集、滅、道，無智亦無得。」

所以，在空的狀態中，沒有色身現象的存有，也沒有感受、思想、心行與意識等精神現象的存在；沒有眼、耳、鼻、舌、身、意等六根作用的主體，也沒有色、聲、香、味、觸、法等六塵外境現象的存在；沒有眼界，乃至沒有意識界等現象本質；沒有無明，也沒有無明的滅盡；乃至沒有老死，也沒有老死的滅盡；沒有苦、沒有苦的集聚原因、沒有苦的滅盡，也沒有滅除痛苦的實踐之道。因此，沒有能知的智慧，也沒有所能得悟的對象。

「以無所得故，菩提薩埵依般若波羅蜜多故，心無罣礙，無罣礙故，無有恐怖，遠離顛倒夢想，究竟涅槃。」

因爲沒有任何所得的緣故，菩提薩埵依著智慧圓滿到達彼岸的作用，內心沒有任何的罣礙，因爲沒有任何罣礙的緣故，所以也沒有任何的恐懼怖畏，遠離、超越了一切虛幻不實的顛倒夢想，而證入圓滿究竟的涅槃境界。

「三世諸佛，依般若波羅蜜多故，得阿耨多羅三藐三菩提。」

而過去、現在、未來的三世諸佛，依於智慧圓滿到達彼岸的作用，得證了究竟無上平等圓滿的正等正覺。

「故知般若波羅蜜多，是大神咒，是大明咒，是無上咒，是無等等咒，能除一切苦，真實不虛。」

所以，應當了知：智慧圓滿到達彼岸的般若波羅蜜多，是偉大神妙的咒語、是大智慧的咒語、是無上的咒語、是超越一切無可比擬的咒語；能除盡一切的痛苦，是完全真實而不虛妄的。

「故說般若波羅蜜多咒，即說咒曰：

揭諦揭諦．波羅揭諦．波羅僧揭諦．菩提薩婆訶」

所以，宣說般若波羅蜜多咒，即是宣說咒語爲：「去吧！去吧！到彼岸去吧！完全到達彼岸去吧！覺悟吧！謹願成就！」彼岸是指超越生死、煩惱的涅槃境界。

除了讀誦心經之外，我們還可以用書寫、聽經、閱讀等方式來修持心經，當然，最好的方式是能思惟經中的義理，在生活中實踐，如此更能迅速開啟我們的智慧。

⊙修持心經的方法

《般若心經》是一部大家耳熟能詳的經典，也是一部經文很短幾乎是很多的學佛者都會背誦的經典，然而這部經卻也是很深奧的一部經典。

《般若心經》一開頭就說：「觀自在菩薩行深般若波羅蜜多時，照見五蘊皆空，度一切苦厄。」即是一個直接建立觀自在菩薩所修行的功用。五蘊，即是色、受、想、行、識。

五蘊、六根……等等這些法相，只是表義，事實上，它代表了一切我們所建立的諸法現象。因此，從「無眼、耳、鼻、舌、身、意，無色、聲、香、味、觸、法；無眼界，乃至無意識界」中可以得知，當心生起這種覺觀時，就可以透過我們的智慧，徹底地斬斷一切的執著。

而當這一切的執著都消滅了，炯然現起般若波羅蜜多的心髓，而這個心髓能使我們到達遠離生死的彼岸。修持《心經》時，首先必須徹底了解《心經》的正見，使我們建立當斷、當立之修法，然後依此當斷、當立之修行，達到心經所現成佛之果德。

修持《心經》時，最簡單、最基本的方法，就是把《心經》背就來，當我們把《心經》背起來之後，在日常生活中，就可以時時刻刻的從經中去理解、體會《心經》的真義。

⊙般若心經的心要

1.行深般若波羅蜜多

《般若心經》的第一句話「觀自在菩薩行深般若波羅蜜多時」，這個「深」就是指：「他已經圓滿實踐般若波羅蜜多圓滿的境界了」是般若波羅蜜多的圓滿，也就是到達彼岸圓滿的境界。

所以說，「行深般若波羅蜜多」，不是在行般若波羅蜜多，而是般若波羅蜜多的完成；用這果地的境界來實踐的時候，這樣才能「照見五蘊皆空」，而這個照見是當下觀照。

行深般若波羅蜜多，是沒有能照、所照的對象，所以在這當中，不是有一個

「般若」的東西，而是行深般若波羅蜜多時，也同時在覺照；亦即行般若波羅蜜多在運作時，同時照見五蘊皆空。這兩個動作，是同時一如的，即觀照的同時，同時安住在般若波羅蜜多的境界中。

2.無智無得的觀行

經文中的「無智亦無得」，也是一種觀行。若是在修行中起有所得心，這時就要迴破。我們可以現觀，但是心要無得，無有執著。無智亦無得，這是一種還照的修行境界。

另外，修持心經時，可以用「行深般若波羅蜜多」，來做實踐觀行的功夫。

3.心無罣礙行

「以無所得故，菩提薩埵依般若波羅蜜多故，心無罣礙，無罣礙故，無有恐怖，遠離顛倒夢想，究竟涅槃。」

我們如果依據般若波羅蜜多安住，這個心在運作起來的時候是無罣礙，無住生心；而這生心也是無罣礙的。我們心生起來的時候是無罣礙，就可以去除我們以前所有的恐怖了，遠離一切的顛倒夢想，心安住了。

但是，這時的安住境界，還不是那麼圓滿，只是到達一個境界，休息一下。就菩薩而言，是證得涅槃，沒有罣礙了，這是一種很欣然、很喜悅的覺受，達到一個安住的地方。

所以《心經》最後說：「故知般若波羅蜜多是大神咒、是大明咒、是無上咒、是無等等咒，能除一切苦，真實不虛。」如果我們能了知心經心要，受持不忘，就能開啟生命中的廣大智慧，除一切苦厄。

⊙般若心經神咒

揭諦① 揭諦② 波羅揭諦③ 波羅僧揭諦④ 菩提⑤ 薩婆訶⑥

𑖐𑖝𑖸① 𑖐𑖝𑖸② 𑖢𑖯𑖨𑖐𑖝𑖸③ 𑖢𑖯𑖨𑖭𑖽𑖐𑖝𑖸④ 𑖤𑖺𑖠𑖰⑤ 𑖭𑖿𑖪𑖯𑖮𑖯⑥

gate① gate② pāragate③ pāragate④ bodhi⑤ svāhā⑥

往① 往② 到彼岸③ 往彼岸了④ 覺⑤ 成就⑥

金剛經

《金剛經》，象徵如金剛般能斷除一切愚痴迷惘的智慧，自古以來因持誦此經而開啟智慧、考試得中的效驗，時可見聞，是中國流傳非常普遍且重要的經典。

【功德】

《金剛經》對中國佛教徒來說，是一部耳熟能詳的經典，而且這部經對中國佛教的修行人產生了很深遠的影響，尤其在六祖惠能大師之後。六祖惠能便是因此經之經文而開悟，於是本經成就為禪宗傳承中最重要的一部經典。

⊙本經的譯本

本經在中國自古以來，有六種譯本：

(1)姚秦三藏法師鳩摩羅什的譯本，稱為《金剛般若波羅蜜經》，也就是我們現在流通使用的版本。

(2)北魏菩提流支所譯的譯本，也譯爲《金剛般若波羅蜜經》。

(3)陳代真諦的譯本，名稱也是《金剛般若波羅蜜經》。

(4)隋代笈多的譯本，名爲《金剛能斷般若波羅蜜經》。

(5)唐代玄奘大師所譯的，在《大般若經》卷五百七十七的〈第九能金剛分〉中，稱爲《能斷金剛般若波羅蜜多經》。

(6)唐代義淨所譯的《能斷金剛般若波羅蜜多經》。

在中文裡總共有這六種版本，而在名稱上有兩種：一是《金剛般若波羅蜜經》；二是《能斷金剛般若波羅蜜經》。在其意義上也有兩種：一是不壞宛如金剛一般的般若波羅蜜經；另外一種則是能斷金剛，連金剛皆可斷壞的般若波羅蜜經。以上兩種說法，都代表這部經是一部堅固、能破除一切迷惘、現證般若的經典。

《金剛經》自古以來持誦的靈驗感應事蹟非常多，正因爲其不只在彰顯真空之理，也正是一部功德外現、福德妙有，且能與大眾深刻感應的一部經。以此立場來看，此經真空妙有，妙有之大用是很不可思議的，所以能予持誦實踐者莫大的功德利益。

⊙誦《金剛經》數萬遍得進士及第

于李回，唐朝人。在元和年間赴試，不幸落第。返回家鄉後，有位和尚勸他說：「如果想早日及第，何不讀誦《金剛經》？」從此于李回每日念誦《金剛經》數十遍。

有一次，于李回到王橋地方，在月色中散步，被一美女引誘到一個村舍，聽到喧鬧戲笑聲。進入堂中，又見到美女五六人。他心中甚感驚疑，於是暗中默念《金剛經》文，忽然從口中放出異光，所有的美女都驚駭逃散。這時于李回聞到一股腥穢的味道，才知道此處是狐狸聚居的地方。

于李回欲返家時，卻見前面雜草叢生，無法辨認出回家的路徑，正不知如何是好時，忽見一隻白狗前來引路，狗口中並且發出光明，照亮了路徑，于李回遂得平安返回住所。

此後，于李回更加勤誦《金剛經》，達數萬遍時，終於進士及第。

⊙誦《金剛經》消除考試障礙

張秉廉，清朝大興人。年輕時曾經殺害過一隻貓，後來進入科場考試，這隻貓屢次前來擾亂，他恐懼異常，惟有虔誠持誦《金剛經》及《心經》，以保平安，然而卻也因此一直未能及第。

道光乙酉年間，他再次參加科舉鄉試。文稿寫好，謄寫完畢時，看到那隻貓又再度出現，他急忙掩蓋試卷，不停地誦經。這時，忽然出現一位老人前來將貓趕走，並交代他考試完畢之後，要趕快延請和尚超度。說完以後，那位老人就不見了。張秉廉也終於考試得中。

⊙持誦《金剛經》，兒子登科

嘉禾年間，有一位沈公光華，持誦《金剛經》滿二十年，日日勤誦不懈。

有一日，沈公的好友吳公急急忙忙跑來，一見面就向沈公道賀。沈公問他是何緣故？吳公說：「您的兒子今年必定及第。昨夜我夢見一位神人告訴我：『你郡中有一個士大夫，因爲持誦《金剛經》的功德，其子得以及第。』我想了想，大概只有沈公您最符合夢中神人所說。」

當年秋天，沈公之子赴試果然登科。

沈光華持誦《金剛經》，極爲虔誠，不論行住坐臥，都能一心默念。他經常往返東郭季子家，在行路間也是一心誦念。所經之處，聞彼誦經之聲，得霑般若功德而超脫的眾生，誠不知凡幾！

沈公能以四無相心，修一切善法，累世積德，恩澤所被，所以子孫蟬聯科第，歷代均爲嘉禾郡中冠族。

⊙誠心恭寫《金剛經》高中鄉試

王泮，明朝山陰人，爲萬曆甲戌年進士。

相傳王泮爲儒生時，屢次應試，成績雖佳，卻一直不能及第。

有一天清晨，王泮走到城外，看到兩位白髮老翁在互相談論著：「大善寺前的秀才王泮，本來是能考中的，只因他的父親曾經褻污《金剛經》，所以被削去名籍，以致不能及第。」

王泮返家後問他的父親，才知道果有此事。原來以前王泮的伯父抱著小孩在門邊玩時，不慎遺失了戴在幼兒手臂上的銀鐲，當時王泮的父親正巧在旁，就被人懷疑是偷銀鐲的竊賊。王泮的父親因而憤恨不平，在神前發誓說沒有偷竊，並用腳踩踏《金剛經》。

王泮既知原委，遂與父親在佛前懺悔，並親手恭寫《金剛經》一部，終於中了鄉試。他想再寫一部，尚未寫完，就在孟春正月，被外放任官，到了甲戌年，他繼續寫完，才進士及第。

◎誦《金剛經》兒子中狀元

楊旬，唐朝人，大曆年間任夔州推司。平日持誦《金剛經》，爲人正直清廉。

他有個兒子，年廿三歲，正準備要赴科舉考試。當天晚上，楊旬夢見金剛神告訴他說：「你平日持誦《金剛經》至爲虔誠，而且爲官公正廉明，所積的陰德非常廣大，能庇蔭子孫昌盛顯達。你的兒子將來一定能夠貴顯，倘若參加科舉，必須改名爲楊椿前去應試，我在試場中會暗中幫助他的。」

得到金剛神的指示後，楊句遂命兒子改名爲楊椿前去赴試，放榜果然得中第六名。

次年楊椿赴省試前，夢見金剛神告訴他說：「今年省試的題目是『行王道而王』，你可以預先準備，但不可洩漏出去。」楊椿於是事先準備，後來入場，果然就是這道試題，結果中了第九十六名。

參加殿試完畢後，楊椿又夢見金剛神說：「你的策論寫得很好，但因爲不合主考的心意，被評在第五卷。我已在御榻上將你的試卷換爲第一名，後日唱名時，你將大魁於天下。這是你們父子平日持誦《金剛經》，廣積陰德的善報。」

及至放榜，果然文星高照，大魁天下。

夔州太守史岩獲悉推司楊句之子楊椿中天下都魁，非常高興，便邀楊句前往一敍。楊句入見後，史太守首先向他祝賀說：「令郎高中狀元，可喜可賀！行見平步青雲，你也可以辭官，回家安享清福了。」

楊句回答說：「我爲吏四十年，家中並無餘產，只是盡力積陰德而已。這些年來我保存了三個囊袋，給您看看。」

太守打開之後，發現第一個裝有三十九枚大錢，第二個裝有四千多枚中錢，第三個裝有一萬多枚小錢。

楊旬說：「我每次審訊囚犯，遇有死囚，如果情有可原，則改判充軍邊地之流刑，就投一枚大錢。如遇充軍之罪，視其罪行又可改判徒刑時，則投一枚中錢。如遇杖罪而輕微的，或予輕判，或予釋放，則投一枚小錢。這就是囊袋中銅錢得來的緣由。我也效法周篪實踐《太上感應篇》十種善業。小兒能僥倖及第，我想或許是我持誦《金剛經》，以及奉公行善所致，豈敢馬上辭官，自求安逸呢？」

⊙增長聰明的金剛經

唐朝有一個僧人名釋文照，在曇延法師畫像前頂禮出家。但文照在讀經時，總是感到自己愚昧昏濁，無法了解經中義理。有一天晚上，他夢見曇延法師示現，身高一丈多，告訴他說：「我有聰明經一本，希望你恭敬謹慎，虔誠誦念，本經感應非常速。」文照就恭敬地從法師手中接過經書，一看，原來是一部《金剛經》。

醒後，文照日日精勤讀誦《金剛經》，果真從此聰明過人，對經典中所說的義理也能契入。

◎金剛經的修持心要

六祖惠能大師在其《金剛經口訣》序裡說：「《金剛經》者，以無相爲宗、無住爲體、妙有爲用。」正說明了《金剛經》所宣說的，就是一個無相的法門。無相即明一切相，所以整個《金剛經》在宗要上、見地上，根本就建立在一個無相上面。在體性上的修證，它是以無住爲體。此外，《金剛經》也是一部妙有很徹底，而且完全通透的經典。它不只教我們無相、無住而已，它在妙有的大用上是全體凸顯出來的。

我們如何去修持《金剛經》呢?平時我們可以讀誦《金剛經》，在讀誦的當時，我們就可以馬上生起無相的見地，整個悟入無相，也就是同時在修持無相的法門了。

我們的整個思考習慣、意識深層，會因文字般若、語言般若，甚至是法的加持力、佛的願力加持等等因緣福德，會在聞法當下有突破性的翻轉。當我們能止息追逐執著的心時，當我們能窺見法性光明時，當我們能明白原來如此時，就已經影響整個生命，就已經是化暗爲明，就已經是力行實踐。以下我們就來說明金剛經的心要。

1.無相為宗

在《金剛經》裡開宗明義就是要我們無我相、無人相、無眾生相、無壽者相。所以我們修學《金剛經》者，首先就要在念頭裡如此地了知，並斷除這四相——我、人、眾生、壽者相。

再來，同樣是屬於無相的法門，在《金剛經》裡佛陀說：「不可以身相得見如來。」這是直接用斷、破的觀點來看。身相是什麼呢?就是指有這個身的現象、相貌。身的表相就佛而言是具足三十二相、八十種好。我們不能以身相來見如來，就是不能以具足如來完全的身相來認定他便是佛。

這裡所要說的是：三十二相並不是分別眾生與佛的重要標準。相是由因緣所成，一旦我們執著它，而有所認定時，它就成了障礙、凝滯、迷失。

所以在《金剛經》的無相法門裡就說：「凡所有相皆是虛妄，若見諸相非相，即見如來。」凡所有相皆是虛妄，這句話對我們所有修證者而言，是十分的謹要，可做爲我們修行人的一切總綱，是使我們不隨任何迷惘、魔障的重要心要。

「若見諸相非相即見如來」，所謂見佛見如來最徹底的「見」就是與佛相應、與法相應，相應即相見。而佛要如何見呢？不得以身相來見，不得以虛妄來見，如實了知所有相皆是虛妄，若見諸相非相，即見如來。也就是說在根本上要斷一切虛妄，才能見到如來。

《金剛經》說：「所謂身相者，即是非身相，是名身相。」所以《金剛經》要我們斷除代表諸相的我相、人相、眾生相、壽者相。要確切的生起斷除這四相的心，除去執著這四相的見地。所以這又回到前面所提的四相。諸相總括爲四相，換個角度而言，亦可以稱作有爲法，所以經中又說：「一切有爲法，如夢幻泡影，如露亦如電」，用六種無常、虛幻的人間現象來比喻有爲法、諸相的虛妄不實，因爲如此所以要破之、斷之。

歸納而言，「無我相、人相、眾生相、壽者相」，「不得以身相見如來」，「一切有爲法，如夢幻泡影」，這些都是在《金剛經》裡當斷與當立的見地。

2.妙有為用

除了無相的見地外，《金剛經》裡尚有一個非常重要的見地，我們要牢牢的記住，當世尊說：「若以色見我，以音聲求我，是人行邪道，不能見如來。」之後，他接著馬上提到：

「須菩提，汝若作是念：『如來不以具足相故，得阿耨多羅三藐三菩提。』須菩提，莫作是念，如來不以具足相故得阿耨多羅三藐三菩提。須菩提，汝若作是念，發阿耨多羅三藐三菩提心者，說諸法斷滅。莫作是念，何以故？發阿耨多羅三藐三菩提心者，於法不說斷滅相。」

這段話很重要，它彰顯了《金剛經》的另外一層風貌。前面所提的是建立無相來破有，而這一段卻是破空的很重要敍述。所以《金剛經》裡在無相、無我的見地下爲何要一直提到福德呢？那是因爲要在完全無相、破空之後，所具有的福德才是真福德、大妙用，而真福德是不可得的、不可染的、不可執的。這就是

《金剛經》甚深智慧的心要。

修習《金剛經》自古以來持誦的靈驗感應事蹟非常多，正因爲其不只在彰顯真空之理，也是一部功德外現、福德妙有，且能與大眾深刻感應的一部經。以此立場來看，此經真空妙有，而妙有之大用是很不可思議，所以能予持誦實踐者莫大的功德利益。

修習此經首先最好能將經文背起來，如此可以幫助我們時時憶起，常常體會，在否定、肯定的交互語言中咀嚼個中深意，甚至當下截斷生死輪迴的無明心。如果剛開始無法背誦，我們也可以時常熟讀、念誦，或是書寫，或是依經中的觀念，運用於生活中，具體實踐。

◎金剛般若經真言

那謨① 婆伽跋帝② 鉢喇壤③ 婆羅弭多曳④ 唵⑤ 伊利底⑥ 伊室利⑦ 輸盧馱⑧ 毗舍耶⑨ 毗舍耶⑩ 莎婆訶⑪

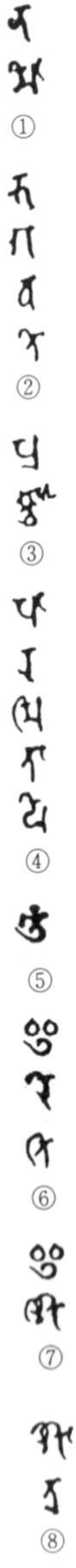

namo① bhagavate② prajñā③ pāramitāye④ oṁ⑤ iriti⑥ iśri⑦
śrotra⑧ viṣāya⑨ viṣāya⑩ svāhā⑪

《金剛般若經》真言只見於唐・鳩摩羅什的譯本中，其他中文譯本中並無此真言。

華嚴經

【功德】

《華嚴經》，廣大闡揚菩薩從初發心到究竟圓滿成佛的一切智慧，經常持誦此經能開啟不可思議的智慧，為大乘佛教極重要的經典。

《大方廣佛華嚴經》梵名 Budhavataṃsaka-mahāvaipulya-su-tra，意思是「稱爲佛華嚴的大方廣經」，簡稱爲《華嚴經》。本經在大乘佛教中，有著極爲重要的地位。而在中國漢譯的佛教經典中，《華嚴經》也是一部弘偉的大經，有無比崇高的地位，向來與《般若經》、《寶積經》、《大集經》、《涅槃經》等，合稱「五大部」。其在中國的地位，更是重要，「華嚴宗」便是依此而立。

根據傳說的說法，《華嚴經》是毗盧遮那佛於菩提場始成正覺時所宣說的。在《華嚴經》的義理中，實踐一切諸佛菩薩的廣大悲心與智慧，爲其特色。

本經前半所講的是在義理上的趣入，要如何一個次第一個次第地修持，如來果地是什麼，見地怎麼來修持等。到最後〈入法界品〉，回落到華嚴的普賢行。在〈入法界品〉，用善財童子來代表邁向生命圓滿成佛之道的眾生，我們每一個人都是善財童子，透過參訪一切善知識來修證成就。

而從另一個角度來思惟，一切能幫助我們生命增長的因緣，都是我們要參訪學習的。

在本經中，善財最先參訪的是大智慧的文殊菩薩，由文殊菩薩來勸發，代表以智慧趣入，智慧的啟發；到最後善財參訪普賢菩薩——菩薩行實踐的代表，圓滿普賢行。

⊙持誦《華嚴經》感得聰明藥

北齊惠炬法師自幼即厭捨世俗之事，長年專心持誦《華嚴經》，於十六年間常處道場中，終日禮拜，晝夜誦持，無有懈怠歇息。有一天夜裏，法師於寐夢中見到一童子，自稱善財，告訴惠炬：「法師既然能精研華嚴，欲窮究佛境，您明日可向南來，我會與師聰明藥，使法師得悟經中要旨。」

惠炬次日一早，便將昨夜所夢告訴諸僧，然後以香湯洗浴，身服淨衣，手執香，歸命三寶，祈願能如夢中所示，尋得聰明藥。祈願後，法師即帶著侍童南行，心口專志誦念文殊菩薩聖號。向南行數里，忽然見到一個水池，方圓半里，岸邊雜花充滿，其中有菖蒲。師意會此菖蒲即是聰明藥，於是命隨從童子入水採之，忽尋獲一根大如車軸，便攜回寺中，製成丸，纔服下棗許，就覺輕安神爽，日誦萬言，因此獲精解華嚴，造此經疏十餘卷，講經五十遍。

◉悟入一切工巧智慧的自在主童子

在《華嚴經》中，善財童子所參訪的善知識，都是各個領域的成就者，除了世間的學問之外，也具足生命的智慧，以下我們節取二則與故事爲代表：

在華嚴經中，有一位自在主童子，他往昔在文殊菩薩處，修學書寫、數學、算術、印刻等種種技術，而悟入一切工巧神通智慧法門。

善財童子受持、悟入善見比丘的教法之後即依善見比丘的指示，前往名聞國，四處尋找自在主童子。

這時，虛空中的天、龍、夜叉、乾闥婆等眾生，告訴善財童子：「善男子啊！現在自在主童子在河渚上。」

善財童子即刻前往河渚，看見自在主童子身邊圍繞了十千名童子，正在玩聚沙成塔的遊戲。善財於是向前頂禮自在主童子的雙足，繞了無數圈，合掌恭敬，退下來站在一邊，對自在主童子說：「偉大的聖者啊！我先前已經發起無上正等正覺的心了，但不知如何修學菩薩行？如何修習菩薩道？希望您能爲我解說。」

自在主童子說：「善男子啊！我以前曾在文殊師利童子那兒修學書寫、數學、算術、印刻等技術，所以能夠悟入一切工巧的神通智慧法門。善男子啊！我因爲這個法門，才得以了知世間書寫、數學、算術、印刻等的技術，治療風瘋、消瘦，爲鬼魅附著等等的一切疾病，我也能建造城邑、聚落、園林、台觀、宮殿、屋宅種種的處所，並長於調練種種仙藥。同時我也善於經營管理農業、商業買賣等各種行業，取捨進退都能各得其所。

我又善於辨別了知眾生的身相，作善作惡，那一種人當生善趣，那一種人當生惡趣。誰應該證得聲聞乘，誰應該證得緣覺乘，誰應該進入一切智慧地，如此種種事我都完全了知。同時，我也讓眾生學習這種法門，增長決定，究竟清淨。

善男子啊！我也了知菩薩的算法，所謂：一百落叉爲一個俱胝，俱胝個俱胝爲一個阿庾多。阿庾多個阿庾多爲一個那由他，那由他個那由他爲一個頻婆羅。……等一切菩薩的算法。」

這菩薩算法，具足廣大的算術智慧，甚至能推算出無量廣大沙堆內，有多少粒沙子。也能推算出東、西、南、北四方所有一切世界的種種差別現象、生成的年代、構成的物質等。此外，也能推算出十方世界星球的面積廣大狹小，及其名稱。其中一切時劫的名稱，甚至對所有佛陀的名號、所有的法名、眾生名字、業力名稱、菩薩的名號、一切諦理的名稱等等，都無不了知。

自在主童子又告訴善財：「善男子啊！我只知道這個工藝巧妙的大神通智慧光明法門。如果是像偉大的菩薩能了知的一切眾生數目、一切法的類別數目、一切法門的差別數目、一切三世的數目、一切眾生的名數、一切法的名數、一切如來的數目、一切諸佛名數、一切菩薩的數目、一切菩薩的名數，這些菩薩的廣大誓願和境界，所實踐的微妙之行，則是我無法演說窮盡的。」

因此，他又介紹善財前去參訪另一位善知識，具足優婆夷：

「善男子啊！在這南方，有一處名叫海住的大城，城中有位名叫具足的優婆夷，你去拜訪她，並問她：『如何修學菩薩行、修習菩薩道？』」

善財童子聽了這些話以後，因為歡喜而全身毛髮豎立，獲得希有的信樂寶心，成就廣大的利益眾生心，能明見諸佛出興的次第，通達甚深的智慧清淨法輪。在一切生趣都能隨意現身，了知三世平等，出生無盡功德大海，放出大智慧自在光明，獲得開啟欲界、色界、無色界三界眾生三有城中一切關卡的鑰匙。

如果我們能時常閱讀、持誦、抄寫此段經文，甚至依法修持，就能具足一切工巧神通智慧法門。

⊙華嚴經中善巧了知一切眾藝的童子

在華嚴經中，記載另外一位「善知眾藝童子」的故事，他在唱念華嚴四十二字母時，能以此四十二般若波羅蜜門爲首，超入無量無數的般若波羅蜜法門。

善財來到善知眾藝童子的住所，頂禮致敬後，便向其祈請説：「聖者！我先前已經發起無上正等正覺之心，但是還不知道菩薩要如何修學菩薩行、修習菩薩道？我聽説聖者善能誘導教誨，希望您能爲我宣説。」

這時，善知眾藝童子告訴善財：「善男子！我已證得名叫善知眾藝的菩薩解脫法門，便恆常誦唱奉持華嚴四十二字母。像我唱「阿」字時，便超入名爲以菩薩威力入無差別境界的般若波羅蜜門。唱「多」字時，便趣入名爲無邊差別門的般若波羅蜜門……唱「佉」字時，便趣入名爲修因地智慧藏的般若波羅蜜門。唱

「叉」字時，便趣入名爲平息諸業海藏的般若波羅蜜門。唱「娑多」字時，便趣入名爲作鋼除一切迷惑障開淨光明的般若波羅蜜門。唱「壤」字時，便趣入名爲以無我法開曉眾生的世間智慧門的般若波羅蜜門……唱「侘」字時，便趣入名爲一切法輪差別藏的般若波羅蜜門。唱「陀」字時，便趣入名爲一切法輪差別藏的般若波羅蜜門。

善男子！我唱念這些字母時，能以此四十二般若波羅蜜門爲首，超入無量無數的般若波羅蜜門。

善男子！我只是善於了知眾藝菩薩的解脫法門。如果是像諸位菩薩摩訶薩，在一切世間行出世間的善巧法門，以智慧通達，到達彼岸，對任何不同才藝都能具備無遺，對文字、算數、五蘊，都非常了解，善於用醫藥、呪術治療眾生的疾病，不管眾生是被鬼魅附身，或挾怨仇憎呪詛，或有惡星變怪現象、夢中受死屍奔逐、癲癇、羸瘦種種的疾病，菩薩都能救治眾生，使他們都能痊癒。

菩薩又善於辨別了知金、玉、珠、貝、珊瑚、瑠璃、摩尼、硨磲、雞薩羅等一切寶藏的出處，以及它們的品種、類別及價值。另外，不管是村營鄉邑、大小都城、宮殿苑囿、巖泉藪澤，凡是只要有人居住的地方，菩薩都能隨地方而攝受護佑他們。菩薩也善於觀察天文、地理、人相吉凶、鳥獸音聲、雲霞氣候、年穀豐收或歉收、國土安全或危險，如此世間所有的技藝，莫不揀擇演練，窮盡本源。他又能分別出世之法，正名辨義，觀察體相，隨順修行。智慧就在這樣的修習之間而入於其中，沒有任何的疑惑、障礙、愚癡暗翳、頑鈍、或任何的憂惱、沈沒，而莫不現證的這種種功德行，這些就根本不是我能了知、宣說的了。

善男子！摩竭提國有一個聚落，聚落中有座婆呾那城，城中有一位賢勝優婆夷，你可前去請問他：『菩薩如何修學菩薩行、修習菩薩道？』」

這時，善財童子以頭面敬禮善知眾藝童子的雙足，遶了無數圈，眷戀地瞻仰他的面容之後，辭退離去。

增慧陀羅尼經

【功德】

本經乃大慧菩薩特別為智慧鈍劣、根性暗昧者所宣說，若能如法持誦此增慧陀羅尼，即能增長記憶，明記不忘，速獲廣大智慧。

《增慧陀羅尼經》爲大慧菩薩住於須彌山頂爲諸天子說法時，應童子相菩薩之祈請而宣說，據經中記載，當時，在法會中有一位菩薩名童子相，合掌恭敬地向大慧菩薩請法：「唯願慈悲，爲我等故，說增慧陀羅尼，所有一切少智鈍根愚昧眾生，令使得聞增彼智慧。」於是，大慧菩薩即爲宣說陀羅尼曰：

怛儞也(合二)他唵(引)閉祖閉祖鉢囉(合二)倪也(合二)嚩哩駄(合二)儞惹囉惹囉彌駄(引)嚩哩駄(合二)儞地哩地哩沒弟嚩哩駄(合二)彌娑嚩(二合引)賀(引)

大慧菩薩說此陀羅尼之後，又告訴童子相菩薩，如果有眾生智慧闇鈍愚劣，根性暗昧，讀誦多所忘失，如果能發志誠心，受持、讀誦、書寫、供養增慧陀羅尼，此人速得大智慧，明記不忘。如果有人以此真言誦七遍或二七遍，加持水三合，於卯時飲用，日日如是飲至七個月或八個月後，自然能日記千頌，如不恆飲水，也能日記五百頌，智慧日漸增長，根性明利。

因此，此經乃大慧菩薩特別爲智慧鈍劣、根性暗昧者所說，若有衆生如法持誦此增慧陀羅尼，皆能使根性明利記憶增長，凡所見聞明記不忘，迅速獲得廣大智慧。

佛說花聚陀羅尼咒經

【功德】 持誦花聚陀羅尼咒，可以獲致無礙辯才，得智慧多聞，乃至一切醫方、工巧、文藝，無不成就。

《花聚陀羅尼咒經》是佛陀在阿耨達多龍王宮中，爲比丘衆及千位十地菩薩所宣說。

當時佛陀因師子奮迅菩薩的祈問，而爲其宣說供養如來之功德，不可思議。隨後，佛陀又告訴師子奮迅菩薩，有陀羅尼名爲花聚，如果有眾生能受持讀誦通利，如法修行，則所獲福德更加不可思議，能獲得甚深無量辯才。

經中說，若有持此咒者，命終之後，不生於八難之處、卑賤之家，在所投生之處六根完具，自然了知宿命，常值遇三寶，見佛聞法，終不忘失菩提之心。能得甚深無量辯才，乘六神通，遊至十方諸佛世界，諮受妙法，教化眾生。

此真言陀羅尼爲：

多狄他　度羅尼　陀羅尼　陀羅尼　磨禰波　步婆散尼　悉題　旃題　涅目脂　涅呵梨　慮伽鉢帝　佛陀鉢帝　帝梨　烏迦囉知佉伽羅知　囉殊波伽帝　帝闍和帝　毗舍羅佛題　曇摩波嘶　阿叉夜羯卑羯波和帝　阿彌多羯卑　休多舍尼　帝闍唎和帝　泥句婆摩一唏帝　帝闍伽呵和帝　因題夜佛題　唖拏佛　提　莎訶

經中並詳細介紹其修法爲：「欲行此陀羅尼者，若二月三月若八月中，從白月八日至十五日，淨自澡浴，著新淨衣，當於靜處坐佛形像，懸繒幡蓋，花香供養，禮拜懺悔，晝夜六時誦此陀羅尼，若坐若行，莫令心亂，滿七日已，當得見佛。若不見者，復更二七三七日，專心誦此陀羅尼，必得見佛坐蓮華上而爲說法。」

如果持誦此咒成就者，則能「自識宿命念力堅固，得陀羅尼無礙辯才，若求多聞，若求禪定，若求智慧，若求辯才，若求醫方，若求呪術，若求工巧，若求文藝，如是種種，隨心所願，悉皆得之。」

全佛文化藝術經典系列

大寶伏藏【灌頂法像全集】

蓮師親傳‧法藏瑰寶，世界文化寶藏‧首度發行！
德格印經院珍藏經版‧限量典藏！

本套《大寶伏藏—灌頂法像全集》經由德格印經院的正式授權全球首度公開發行。而《大寶伏藏—灌頂法像全集》之圖版，取自德格印經院珍藏的木雕版所印製。此刻版是由西藏知名的奇畫師—通拉澤旺大師所指導繪製的，不但雕工精緻細膩，法莊嚴有力，更包含伏藏教法本自具有的傳承深意。

《大寶伏藏—灌頂法像全集》共計一百冊，採用高級義大利進美術紙印製，手工經摺本、精緻裝幀，全套內含：

‧三千多幅灌頂法照圖像內容　‧各部灌頂系列法照中文譯名

附贈　‧精緻手工打造之典藏匣函。

‧編碼的「典藏證書」一份與精裝「別冊」一本。

（別冊內容：介紹大寶伏藏的歷史源流、德格印經院歷史、《大寶伏藏—灌頂法像全集》簡介及其目錄。）

全佛文化有聲書系列

經典修鍊的12堂課(全套12輯)

地球禪者 洪啟嵩老師 主講　全套定價NT$3,700

〈 經典修鍊的十二堂課一觀自在人生的十二把金鑰 〉有聲書由地球禪者洪啟嵩老師，親自講授《心經》、《圓覺經》、《維摩詰經》、《觀無量壽經》、《藥師經》、《金剛經》、《楞嚴經》、《法華經》、《華嚴經》、《大日經》、《地藏經》、《六祖壇經》等十二部佛法心要經典，在智慧妙語提綱挈領中，接引讀者進入般若經典的殿堂，深入經典密意，開啟圓滿自在的人生。

01. 心經的修鍊	2CD/NT$250	07. 楞嚴經的修鍊	3CD/NT$350
02. 圓覺經的修鍊	3CD/NT$350	08. 法華經的修鍊	2CD/NT$250
03. 維摩詰經的修鍊	3CD/NT$350	09. 華嚴經的修鍊	2CD/NT$250
04. 觀無量壽經的修鍊	2CD/NT$250	10. 大日經的修鍊	3CD/NT$350
05. 藥師經的修鍊	2CD/NT$250	11. 地藏經的修鍊	3CD/NT$350
06. 金剛經的修鍊	3CD/NT$350	12. 六祖壇經的修鍊	3CD/NT$350

如是
我聞

佛教小百科15

《智慧才辯本尊》

主編　全佛編輯部
執行編輯　蕭婉甄、劉詠沛、吳霈媜
出版　全佛文化事業有限公司
永久信箱：台北郵政26-341號信箱
訂購專線：(02)2913-2199
傳真專線：(02)2913-3693
發行專線：(02)2219-0898
匯款帳號：3199717004240 合作金庫銀行大坪林分行
戶　名：全佛文化事業有限公司
E-mail：buddhall@ms7.hinet.net
http://www.buddhall.com
門市　新北市新店區民權路95號4樓之1（江陵金融大樓）
門市專線：(02)2219-8189
行銷代理　紅螞蟻圖書有限公司
台北市內湖區舊宗路二段121巷19號（紅螞蟻資訊大樓）
電話：(02)2795-3656
傳真：(02)2795-4100

初版　二〇〇〇年六月
初版三刷　二〇一五年四月
定價　新台幣二九〇元
ISBN　978-957-8254-82-4（平裝）

國家圖書館出版品預行編目資料

智慧才辯本尊/ 全佛編輯部主編 - 初版.
-- 臺北市：全佛文化, 2000[民89]
面；　公分. -(佛教小百科：15)

ISBN 978-957-8254-82-4(平裝)

1.菩薩　2.佛教一修持
229.2　　89007810

Buddhall

Published by BuddhAll Cultural Enterprise Co.,Ltd.